sirtaro bruno hahn

Das imagami-Prinzip

Seelenbilder der Natur

Gestaltung: sirtaro bruno hahn

Abbildung Einband vorne: imagami-nr.066 - Glockenblume
Abbildungen Vorsatz- und Nachsatzpapier: Pflanzendevas,
Meißelungen aus dem Zahntempel von Kandy, Sri Lanka

Druck: Breitschuh & Kock GmbH, Kiel

1. Auflage 2008
Neue Welt Verlag GmbH, Brawaweg 5, D-85465 Langenpreising
Internet: www.neueweltverlag.de

ISBN 978-3-937957-98-2

sirtaro bruno hahn

Das imagami-Prinzip

Neue Wege zur Nutzung heilsamer Energien

und zur Erweiterung der eigenen Wahrnehmung

Dies ist ein Buch über imagami. So nenne ich meine kaleidoskopartig gespiegelten Bilder. Eine besondere geometrische Struktur fügt Fotos aus der Natur in eine neue Ordnung. Dadurch werden feinste Stimmungen und Wirkungen erfahrbar, die uns seelisch berühren. Mit zahlreichen farbigen Illustrationen regt dieser Bildband an, die farbige Leichtigkeit der Pflanzen und die Schönheit der Natur in einer neuen Weise zu erleben. Es ist mein Anliegen, Menschen durch die imagami-Bilder in einen tieferen Kontakt mit den verschiedenen Ebenen der Natur zu bringen. Ich freue mich, dass Sie sich für diese besondere Bildsammlung interessieren.

Das Buch erzählt in vielen Facetten von den Kräften, die dem Sichtbaren Form und Ausdruck verleihen. An Hand von Beispielen verschiedenster Kulturen aus aller Welt wird das heilige geometrische Prinzip, das hinter den imagami steht, deutlich. Dadurch werden die Wirksamkeiten der imagami und ihre vielseitigen Anwendungsmöglichkeiten anschaulich und nachvollziehbar. Genießen Sie in Freude und Offenheit den lebendigen Austausch mit dem Seelischen der Natur und freuen Sie sich auf interessante und anregende Einblicke. imagami sind der Schönheit unserer Erde und all ihren Erscheinungen in Dankbarkeit gewidmet.

sirtaro bruno hahn im Sommer 2008

imagami-nr.077 - Storchschnabel und Löwenzahn:
„Jede Erscheinungsform ist ein Schlüssel zu geistigen Welten.“
Sich als Einheit erleben, sich selbst akzeptieren, autark sein. Anderen in Freiheit begegnen können.

Inhalt

bewundert und gebraucht.

Sebastian Kneipp

Oft geht von den blühenden Wildpflanzen, wie man sie in der freien Natur findet, ein besonderer Zauber aus. Es ist die markante Ausprägung und das ausgewogene Verhältnis der einzelnen Pflanzenteile, das sich als Schönheit eines reinen Charakters ausspricht.

Die wilden Pflanzenformen entwickeln sich im Verhältniss zur Landschaft und passen ihr Wesen ständig den Erfordernissen ihrer Umgebung an. Im Zusammenspiel der Pflanzen als natürliche Gemeinschaft prägen sie die Stimmung und den Charakter einer Landschaft. Schließlich ist die Pflanzensphäre ein Stoffwechselorgan der Erde. Durch Mischung und Ausprägung der einzelnen Pflanzenarten gleicht sich die Erde in den oberen Schichten regulierend aus. Auf der biochemischen und auf der seelischen Ebene erfüllt jede Pflanze ihre wesentliche Rolle in Hingabe an das sensible Landschaftsgefüge.

Abb: imagami-nr.133 - Klee: „Im Licht meiner Zufriedenheit öffnet sich die Welt."

Das bewusste Üben der Zufriedenheit weckt die Kraft, die wahre Schönheit in den Dingen zu sehen.

Sauerklee

Abb. oben: imagami-nr.120 - Sauerklee: „Mein Puls atmet Liebe.“
Ausgleichend und beruhigend. Harmonisiert den Herz- und Lungenrhythmus.

Rechts oben imagami-nr.126 - Gänseblümchen: „Die Liebe Gottes ist der Boden, der mich trägt.“
Dankbarkeit entwickeln für die einfachen, grundlegenden Dinge des Lebens.
Zufriedenheit mit der eigenen Existenz: Das Kleinste wird zum Größten.

Rechts imagami-nr.209 - Wildgras.

Gänseblümchen

Gräser

Abb. oben: imagami-nr.208 - Wolfsmilch + Wegerich

Links oben: imagami-nr.137 - Waldmeister: „Die Weisheit des Geistes kondensiert in die Form."

Prozesse zum Abschluss bringen. Eine Form geben. Seine Grenzen finden.

Links: imagami-nr.076 - Gras + Wegerich: „Im Spiegel der Traumwelt erfahren wir heilsame Wirkung."

Licht, Leichtigkeit, Entspannung. Spiegelt die erneuernden Kräfte des Schlafes.

Hahnenfuß, Gras & Vergißmeinnicht

Abb. oben: imagami-nr.003 - Vergissmeinnicht: „Deine Heimat liegt in Dir.“
Sich selbst annehmen, sich erinnern, Ruhe finden.

Links oben imagami-nr.005 - Hahnenfuß: „Innen und Außen, Himmel und Erde strömen machtvoll ineinander.“
Aktiv werden, Freude am Fluss des Lebens, Ideen umsetzen, sich einlassen.

Links imagami-nr.229 - Tropfengras.

Abb. links:
imagami-nr.223 - Löwenzahn.

Unten: imagami-nr.221 - Löwenzahn.

Rechts: imagami-nr.001 - Löwenzahn:
„Das Lied der Erde
durchtönt unser Wesen.“
Erdung, Vertrauen, Freude am Sein und
das Gefühl getragen zu werden.

Löwenzahn

Glockenblume

Abb. oben: imagami-nr.066 - Glockenblume:
„Im Schutze meiner geistigen Helfer öffne ich mein inneres Auge."
Das Enge wird weit. Lindert bei Migräne und Tinnitus.
Erleichtert die geistige Wahrnehmung und mildert Ängste.

Abb. rechts: imagami-nr.063 - Glockenblume:
„Die Erde öffnet sich dem Klang der Sterne. Alles, was wir brauchen, ist da."
Besänftigen, versöhnen, mütterliche Liebe. Nach einem Trennungsschmerz wieder die eigene Ganzheit erfahren. Vertrauen ins eigene Dasein. Von der Erde getragen sein – geöffnet dem Sternenklang.

Taubnessel

Ehrenpreis

Ganz oben: imagami-nr.080 - Taubnessel: „Geistiges Feuer stärkt meine Lebensprozesse."

Stärkung der Abwehrkräfte. Wirkt förderlich auf Lymphe, weiße Blutkörperchen und den Stoffwechsel.

Oben: imagami-nr.093 - Ehrenpreis; „Ich ruhe in mir selbst."

In seinem Innersten Geborgenheit finden; sich selbst genügen. Beruhigt die Nerven. Hilft nach einer Verausgabung wieder Einlass in seine innere Heimat zu finden.

Karde

Abb. oben: imagami-nr.119 - Karde:
„Ich strukturiere mein Leben und folge mühelos meinem geistigen Weg."
Hilft Vorhaben und Ziele greifbar zu machen, sich im Alltag trotz äußerer Störungen nicht

Bergflockenblume

Braunelle

Abb. oben: imagami-nr.128 - Braunelle: „Schönheit und Würde tönt in den Räumen der Erde, die unsere Mutter ist.“
Die Angst vor der eigenen Tiefe überwinden, sich der eigenen Tiefe öffnen. Das Unterbewusstsein zeigt sich in sanften Bildern.
Schafft einen sanfter Zugang zu den Tiefen der Mutterenergie.

Links: imagami-nr.089 - Bergflockenblume: „Die Stimme meines Engels tönt in der Harmonie der Sphären. Ich höre.“
Integration höherer Wesensanteile. Hilft den Engel zu hören und auf den Engel zu hören. Wirkt auf die Ohren und das dritte Auge.

Himmelsleiter & Brandkraut

Abb. oben: imagami-nr.135 - Brandkraut: „Mein Ziel ist Licht."
Hilft klare Entscheidungen zu treffen.
Nicht das Was sondern das Wie entscheiden, dann ist jede Endscheidung gut.

Rechts: imagami-nr.127 - Himmelsleiter:
„Ich höre und verstehe die Sprache der geistigen Wesen."
Die Sprache der geistigen Wesen zu verstehen ist Heilung. Die Ohren entspannen und öffnen sich.
Förderlich bei Schwerhörigkeit. Hilft sich den Botschaften der geistigen Welt zu öffnen.

imagami-nr.201 - Wiesenstimmung: Das erste imagami von Pfingsten 2003

Das erste Mal :

Von der Entdeckung der imagami

Eigentümliche Situationen entstehen, wenn sich eine Idee ins Bewusstsein drängt. Oft werde ich gefragt, wie ich auf die Idee für die imagami gekommen bin. Genau genommen ist die Idee auf mich gekommen. Um diese Begegnung zu schildern, möchte ich etwas von mir vorausschicken.

Bilder sind schon immer meine große Leidenschaft. Sie bieten mir die ideale Möglichkeit, spezielle Gedanken, Symbole und Zeichen frei zu kombinieren und einem Betrachter in farbiger Offenheit darzubieten. Ohne durch viele Worte und Definitionen die gefühlsmäßige Verständigung zu blockieren, können Bilder einen geistigen Raum der Begegnung öffnen. Bekanntes abzubilden hat mich als freier Maler nie interessiert. Meine Bilder sollen über die sichtbare Welt hinausführen und seelische Fähigkeiten weiter entwickeln. Dazu scheint mir eine kreative Forschung eher geeignet, als die losgelöste Beliebigkeit der Phantasie. Im bestehenden Kunsthandel fand ich keine Möglichkeit mein Anliegen direkt zu vermitteln. Deshalb gründete ich „Sonnenblau" – ein Atelier für Wahrnehmung, Austausch und Verbreitung. Mit Sonnenblau wollte ich nicht nur eigene Projekte bearbeiten. Ein Bildfindungs-Service sollte die Möglichkeit bieten, persönliche Bilder und Zeichen entwickeln zu lassen, die dem Wesen und Anliegen der Menschen wirklich entsprechen. Eine Annonce sollte das kommunizieren. Am Freitag vor Pfingsten 2003 erfuhr ich, dass das Inserat am nächsten Dienstag gedruckt werden sollte. Ich hatte den intensiven Wunsch Pflanzen in einer Weise abzubilden, die mehr das Wesen als die Substanz offenbaren. So mußte man das gestalterische Potential von Sonnenblau am Besten erkennen - war mein Gedanke - ohne zu wissen, wie das aussehen könnte. Mir blieben also die Feiertage und der Erfolgsdruck.

Das bewegte mich durch eine endlose und unruhige Nacht und am Pfingstsonntag erwachte ich mit einer Idee. Ich fotografierte im Garten, drehte und spiegelte das Foto solange am Computer bis das geträumte Ergebnis sichtbar vor mir lag: Eine Wiesenstimmung, durch eine kaleidoskopartige Spiegelung zentriert und zu einer neuen Ordnung gefügt. Das neue Bild wirkte spürbar intensiver als das Ausgangsfoto. Bei jedem weiteren Versuch zeigten sich die abgebildeten Pflanzen in der neuen Natur-Bild-Sprache irgendwie reiner und ausgeprägter. Mit Erstaunen stellte ich fest, dass die Bilder wirklich zu mir sprachen. Zum ersten Mal erlebte ich Pfingsten als das Fest, an dem es Geist regnet. Am Abend kannte ich auch den Namen für meine Pfingstbilder. Sie heißen imagami - der Name ist symmetrisch und gespiegelt, wie die Bilder selbst.

Was ist das Geheimnis der imagami? Ich erkannte, dass das imagami ein eigenständiges Wesen hat, denn ich fühlte mich zu seiner Entdeckung hingeführt. Was sich mir offenbarte, hätte ich mir in seiner Genialität und Schönheit nicht ausdenken können, zumal mir die wirkenden feinstofflichen Naturgesetze bis dahin unbekannt waren. Von diesem Zeitpunkt an nahmen mich die imagami in die Lehre, erweiterten meinen Horizont und bereicherten mein Leben. Diesen Schatz möchte ich im Folgenden mit Ihnen teilen.

Die wichtigste Erkenntnis meines Lebens ist die, dass wir in einem liebenden Universum leben.

Albert Einstein

Heilpflanzen

imagami : Heilpflanzen

In der gesamten Schöpfung sind geheime Heilkräfte verborgen, die kein Mensch wissen kann, wenn sie ihm nicht von Gott offenbart werden.

Hildegard von Bingen

Seit jeher nutzt der Mensch die heilenden Kräfte der Pflanzen. Ursprünglich wurde zwischen Nahrungs- und Heilmitteln nicht unterschieden. Die heilsamen Kräfte der Pflanzen offenbarten sich dem Menschen durch seine tiefe Verbundenheit mit allem Wesenhaften. Sein Wissen gab er an die Nachgeborenen weiter und mit der Zeit verfeinerte es sich immer mehr.

Der Mann vom Hauslabjoch, allgemein als Ötzi bekannt, der vor 5300 Jahren durch die Ötztaler Alpen streifte, führte Birkenporlinge als Heilmittel mit sich. Aus dem 16ten Jhd. v Chr. stammt der ägyptische Papyrus Ebers, der bereits ein umfangreiches Wissen über Krankheiten und deren Behandlung schriftlich übermittelt.

Um 1150 fasste die Äbtissin und Visionärin Hildegard von Bingen das Wissen der griechisch-lateinischen Tradition mit dem Wissen der Volksmedizin zusammen. Ihr „Buch über das innere Wesen der verschiedenen Kreaturen und Pflanzen“ blickt ganzheitlich auf die Beziehung von Ursache und Heilung.

Der russische Mystiker Gurdjieff pflegte seine spirituellen Schüler in Verbindung mit seinen Lehrstunden auch zu bekochen. Einem Schüler fiel auf, dass Gewürze und Kräuter der Speisen auf die umgehende Erkältung abgestimmt waren und fragte, ob die Kochkunst ein Zweig der Medizin sei. „Es ist umgekehrt“, sagte der Meister.

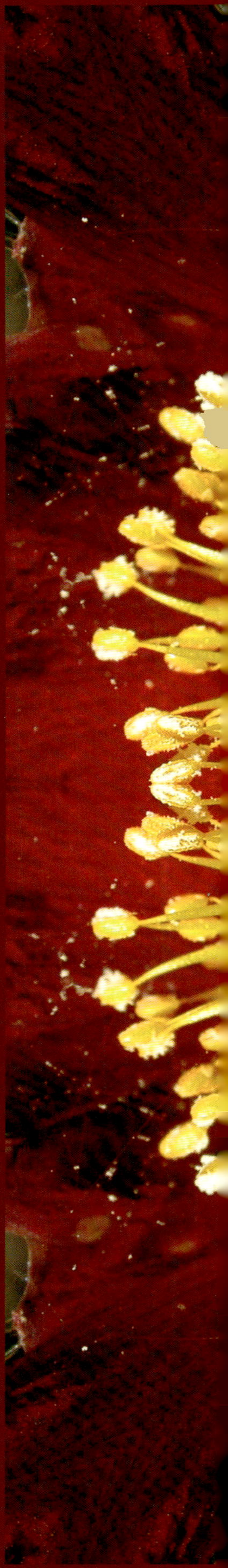

Abb. : imagami-nr.117 - Küchenschelle: „Die Erde ist der Altar des Kosmos."

Schafft eine tiefe Verbindung mit der kosmischen Erde. Die Tragweite des eigenen Lebens bewusst erfassen. Stärkt das Wurzelchakra.

Eisenhut, Schafgarbe & Salbei

Eisenhut, Schafgarbe & Salbei

Abb. oben: imagami-nr.004 - Eisenhut: „Im geistigen Raum erfahre ich mich als Teil des Ganzen."
Führt aus der Verstrickung des eigenen Alltages heraus und zu einer konstruktiven Lebenshaltung. Weckt ein Bewusstsein für Gemeinschaft.

Oben links: imagami-nr.018 - Schafgarbe: „Ich schenke meine Liebe dem Wachstum Anderer."
Erziehung: Das Wachstum Anderer bereitet mir Freude. Überwindet den Drang sich über Andere zu erheben.

Links: imagami-nr.043 - Salbei: „In der Konzentration auf das Wesentliche zeigt sich unser Weg."
Zusammenziehend. Konzentration auf das Wesentliche. Fördert zielorientiertes Handeln. Schafft den heiligen Raum.

Fingerhut

Stechapfel

Abb. links: imagami-nr.030 - Fingerhut:
„Das feurige Herz der Erde findet seinen Rhythmus im Geisteslicht."
Befreit von Anhaftungen und lenkt den Fokus auf feinstoffliche Ebenen.

Oben: imagami-nr.123 - Stechapfel:
„Ich öffne mich der Berührung durch den Geist."
Stärkt die Inspiration, bei geistiger Erschöpfung.

Abb. links: imagami-nr.134 - Holunder:
„Das Licht des Einzelnen entfaltet in der Gemeinschaft seine heilbringende Wirkung."

Oben: imagami-nr.028 - Holunder:
„In der schützenden Ordnung bereitet sich die Licht-Saat vor."
Im geschützten Raum sammelt und verdichtet sich mein Potential.
Stärkung der Lungen und damit der Aufnahmefähigkeit.

Goldrute, Efeu & Passionsblume

Abb. oben: imagami-nr.034 - Passionsblume: „Das Überwinden von Widerständen bewirkt Wachstum in Schönheit."
Vertrauen in das Leben, das rechte Maß und den richtigen Zeitpunkt.

Oben links: imagami-nr.nr.081 - Goldrute: „Unser eigener Klang läutert unser Wesen.",
Absondern und Ausscheiden, Ballast abwerfen, zur Fastenunterstützung.

Links: imagami-nr.062 - Efeuknospen: „Aus der Tiefe wendet Dunkles sich gnadenvoll ins Licht."
Transformation. Wandelt schädliche Einflüsse um.

Sonnenhut

Abb. oben: imagami-nr.025 - Sonnenhut:
„Durch unsere Ausrichtung erschaffen wir unsere Zukunft."
Aufbauend, in größere Zusammenhänge einfügend. Stärkt die Immunabwehr.

Rechts: imagami-nr.026 - Sonnenhut:
„Durch die Ordnung unserer geistigen Helfer strömt die Liebe Gottes."
Seine Aufgaben annehmen. Den Mut fassen, sie zu verwirklichen. Ordnet und koordiniert die Funktion des Immunsystems. Lindert bei überaktivem Immunsystem und Allergien.

Nachtkerze

Abb. oben: imagami-nr.050 - Nachtkerze: „Die Liebe der göttlichen Mutter schützt mich in der Dunkelheit."
Trost spendend und Angst nehmend. Fördert guten Schlaf. Hilft bei zu großer Öffnung im Astralen. (z.B. auch bei Narkose)

Oben links: imagami-nr.039 - Frauenmantel und Tropfen: „Erkenne dich selbst als kostbares Geschenk an die Welt."
Stärkt die Hingabefähigkeit. Hilft Absichten, die uns einzwängen, loszulassen. Harmonisiert zwischen geistiger, emotionaler und körperlicher Ebene.

Links: imagami-nr.046 - Frauenmantel:
„Aus der liebevollen Umarmung der göttlichen Mutter schöpfen wir die Kraft selber zu lieben."
Schafft eine Hülle, hilft sich selbst anzunehmen und nicht an der mangelnden Liebe anderer Menschen zu leiden.

Ringelblume

Ringelblume

Abb. oben: imagami-nr.052 - Ringelblume:
„Aus unserer Mitte in Gott strömt unaufhörlich glühende Daseinsfreude."
Setzt schöpferische Kräfte frei. Wandelt ungeordneten Schaffensdrang in zentrierte Kreativität.

Links: imagami-nr.051 - Ringelblume:
„Unser Potential ist ein Ausdruck Gottes und darf sich kraftvoll entfalten."
Wirkt zentrierend und löst Zweifel und Blockaden auf. Stärkt die Lebensfreude.

Johanniskraut

Abb. oben: imagami-nr.132 - Johanniskraut:
In der Wärme des Sonnenlichts reift die Essenz der Sterne."

Die Wärmequalität des Sonnenlichts bereitet in uns den Boden zur Aufnahme der Entwicklungsimpulse aus dem Sternenlicht. Die Sonne hilft die kosmischen Botschaften der Sterne zu integrieren.

Mädesüß

Abb. oben: imagami-nr.129 - Mädesüß:
„In Verbundenheit mit der Erde erfährt meine Seele ein Getragen sein im Austausch mit der Gemeinschaft.“
Hilft, sich vertrauensvoll auf das Miteinander in der Gemeinschaft einzulassen. Auch für Schulkinder geeignet.

Abb. oben: imagami-nr.014 - Stiefmütterchen:
„Hingabe an die Gemeinschaft offenbart den Willen Gottes.“
Anbindung an den eigenen Auftrag im Leben und an die Kraftquellen dafür.
Kann Neugeborenen das Ankommen erleichtern.

Abb. oben: imagami-nr.015 - Stiefmütterchen:
„Das waltende Wort strömt über die Lippen derer, die in Hingabe leben."
Zur Anbindung an den Geist Gottes und den Sinn in der Menschheitsentwicklung.
Hilft älteren Menschen, die eigene Zurückhaltung zu kultivieren
und den Anschluss an die Quelle der Weisheit zu finden.

Das imagami-Prinzip :
Die Funktion folgt aus der Form

„Die Ordnung einer eigentümlichen Figur und der Zusammenklang einer eigentümlichen Zahl rufen alle Dinge herbei."
Giordano Bruno

Grafik nach Giordano Bruno:
"Figur des Geistes", Prag 1588

Der Leitsatz für Gestalter „form follows function" besagt, dass sich die Form der Dinge aus ihrem Zweck ergeben soll. Umgekehrt lässt sich demnach auch aus der Form eine Funktion ableiten. Fast Jeden erinnert das imagami an irgendetwas. Also habe ich die Form analysiert, das imagami-Prinzip erkannt und mich auf die Suche gemacht: Wo gibt es diese Form und zu welchem Zweck wird sie verwendet? Viele Beispiele aus aller Welt habe ich gefunden. Einige Kulturen verwenden sie noch heute. In unseren Breiten endet der bewusste Einsatz im späten Mittelalter. Alle Beispiele zeigen erstaunliche Parallelen in der Anwendung und regen zur Nutzung des schöpferischen Potentials der imagami an.

Jeder Bereich der Natur und auch seine Abbildung enthält eine Information und teilt sie mit. Die imagami-Struktur verstärkt diese Botschaft und macht sie als seelische Qualität erlebbar. So stellt sich beim Betrachten eines imagami im Idealfall ein emotionales Erlebnis ein, das erfrischend und heilsam auf unser Gemüt wirken kann. Wir müssen uns nicht über den auf vielen Ebenen stattfindenden Austausch bewusst werden, um eine aufbauende Wirkung zu erfahren. Es lohnt sich aber, die verschiedenen Wirkungen zu ergründen, denn sind sie einmal erkannt, können imagami-Bilder entsprechend genutzt und gezielt eingesetzt werden.

Welche Komponenten verbinden ihre Eigenschaften zum wirkenden Ganzen des imagami-Prinzips? Die meisten imagami haben einen zentralen Mittelpunkt, vier gleiche Seiten und eine Struktur von Symmetrien, wie wir sie von der Windrose kennen. Die Symmetrie entsteht durch die Spiegelung gleicher Bildteile. Sie fügen sich kreisförmig um ein Zentrum zu einer neuen Ordnung. Betrachten wir nun die Komponenten im Einzelnen, um darüber die Wirksamkeit zu verstehen.

„Obwohl Gott selbst sich der ungleichen Zahl der Dreiheit erfreut, entfaltet er sich dennoch tief durch die Vierheit in allen Dingen: so drängt er sich schließlich in das Körperliche um seiner Begreifbarkeit willen."
Giordano Bruno

Die Vier im Menschen

Warum beruhen die meisten imagami auf einer vierstrahligen Symmetrie? Die Vier ist die Zahl des Lebens auf der Erde, daher stellt sich die Schöpfung dem Menschen in der Vierheit dar. Das Quadrat als regelmäßiges Viereck und das Kreuz als Vierstern sind die geometrischen Figuren, in denen wir die Vier wahrnehmen können. In den klaren Eigenschaften des Quadrats erkannten viele Kulturen ein Bild der Erde. Das Quadrat bildet vier „rechte Winkel", die man, wie der Name schon sagt, für die richtigen hält: Im rechten Winkel steht der Mensch zur Erde. Im rechten Winkel schaut er in die Welt und orientiert sich mit Vorne, Hinten, Rechts und links in die Hauptrichtungen des Raumes. Die Himmelsrichtungen galten auch als die Ursprungsorte der vier Winde und Ordnungslinien der Welt. Das Kreuz findet der Mensch auch in seinem ausgestreckten Körper. Es ist für ihn das universellste Symbolzeichen.

Von der Einheit in die Stofflichkeit: die Figur der Pyramide; unten: 2-dimensionale Darstellung, Pyramide von oben gesehen.

Die Vierzahl steht auch für das Denken des Menschen, der seinen Platz in der Weltordnung sucht. Die kosmischen Gesetze entdeckt er in der Geometrie und erkennt in der Geometrie wiederum die Gesetze des Kosmos. Pythagoras, der große Lehrer der Griechen, wurde als einziger Mensch seiner Zeit in alle Mysterien eingeweiht. Er schreibt, dass Gott „unserer Psyche die heilige Vierzahl anvertraute, eingepflanzt dem ewigen Wesen." Auch bei den platonischen Körpern, die für Pythagoras alchemistische Grundstrukturen des Lebens waren, steht der Kubus für die Erde und den begrenzten Raum. Zahlensymbolisch entspricht die Vier auch der verkörperten Eins (= Einheit). Denn aus der Einheit steigt das geistige Wesen als Mensch in die Vierheit der Materie, die auf diesem Planeten unsere Mater (lat. Mutter) ist. Die Pyramide ist ein Bild dafür. Ursprünglich waren die Spitzen der ägyptischen Pyramiden vergoldet, weil sie Teil des Geistigen sind und direkt in die Vierheit der quadratischen Basis (=Erde) führen.

Zahllose Systeme ordnen die schwer überschaubare Vielheit der Schöpfung in vier Bereiche. Die folgenden Beispiele aus unserem Kulturkreis verdeutlichen das:

	Die Erde in der Harmonie der Vierheit			
Richtungen	Osten	Süden	Westen	Norden
Elemente	Luft	Feuer	Wasser	Erde
Zustände	trocken	heiß	feucht	kalt
Temperamente	Sanguiniker	Choleriker	Melancholiker	Phlegmatiker
Jahreszeiten	Frühling	Sommer	Herbst	Winter
Lebensalter	Kindheit	Jugend	Reife	Alter
Pflanzen	Knospe	Blüte	Frucht	Same
Tageszeiten	Morgen	Mittag	Abend	Nacht

Vierfältige Symbole sind immer ein Bild für die Ganzheit, weil sie die irdischen Verhältnisse in ausgeglichener Harmonie bedeuten. Manche religiöse Gemeinschaft des Mittelalters war der Ansicht, dass der Schöpfer selbst die Natur in Vierergruppen anlegte.

Rad der Lehre: Buddhistisches Symbol
unten: astrologisches Sonnenzeichen

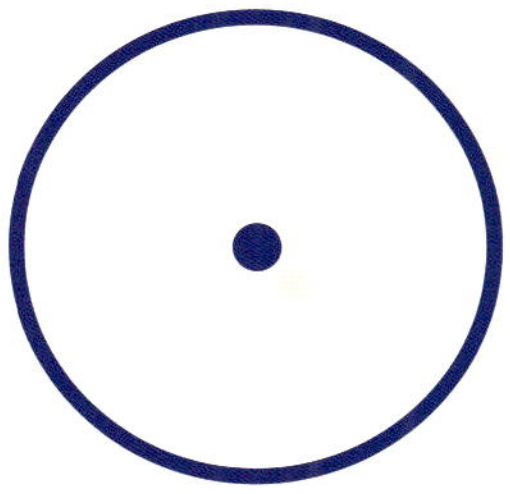

Die Vollkommenheit des Kreises

Eine weitere grundlegende Form des imagami ist der Kreis. Bei vielen Bildern ordnen sich die Bildteile in einer Weise an, dass eine kreisförmige Wirkung entsteht. Kreise entwickeln in ihrer Geschlossenheit ein besonderes Kraftfeld, das z.B. bei Zusammenkünften von Menschen eine stärkende Wirkung auf die Gemeinschaft hat: Man setzt sich im Kreis, führt Kreistänze aus oder tagt am „runden Tisch".

Der Kreis ist eine der großen archetypischen Formen des Menschen, denn er ist uns seit jeher beim Anblick von Sonne und Mond vor Augen. Oft steht der Kreis im Gegensatz zum Quadrat als Symbol für den Himmel, im Gegensatz zur Materie für das Geistige. In allen Kulturen steht der Kreis aber für Einheit, das Absolute und die Vollkommenheit, denn seine Linie ohne Anfang und Ende ist unendlich. Für C.G. Jung ist der Kreis ein Symbol für die Seele und das Selbst.

Die Struktur der Seele

Der Philosoph Porphyrios erkannte das in den Kreis gezeichnete Kreuz als Symbol des Seelischen im Kosmos. Im Wissen der alten Eingeweihten finden wir einen Schlüssel für die Wirksamkeit des imagami-Prinzips. Stellen wir uns das vierstrahlige Formprinzip als die Struktur unserer Seele vor, dann schauen wir beim Blick auf ein imagami in einen Spiegel unserer Seele. Es spiegelt uns die Botschaften der ganzheitlichen Naturreiche in einer uns selber entsprechenden Weise.

Der Kreis im Quadrat ist ein Bild für den in der materiellen Welt enthaltenen göttlichen Funken. Die Quadratur des Kreises ist nicht nur als eine mathematische Aufgabenstellung zu verstehen. Es ist der alchemistische Mythos von der Vereinigung des Irdischen mit dem Göttlichen gemeint. Vielleicht findet die Quadratur des Kreises im imagami eine mögliche Lösung.

Zeitenkreise im Raum

Wenn man die sich wiederholenden Zyklen auf der unendlichen Kreislinie als Punkte vorstellt, kommt als neue Dimension die Zeit hinzu. So stellt der Kreis auch einen räumlichen Bezug zu zeitlichen Rhythmen, wie dem Sonnenlauf, her. In großen Sonnenkalendern, wie Stonehenge, markiert das Sonnenlicht den jahreszeitlichen Stand des Umlaufs räumlich an besonderen Stellen der kreisförmig umlaufenden Horizontlinie. In der Grafik der keltischen Feste im Jahreslauf erkennen wir in der Kreuzform die Achsen des Raumes. Die diagonalen Achsen haben eine andere Qualität. Sie markieren die Mondenfeste im Jahr. Weil der Rhythmus des Mondes nicht im Sonnenjahr aufgeht, verändern sich die Termine der Mondfeste von Jahr zu Jahr. Darin finden wir einen Hinweis auf die Qualität der Diagonalen als Achsen der Zeit.

Die keltischen Feste im Jahreslauf

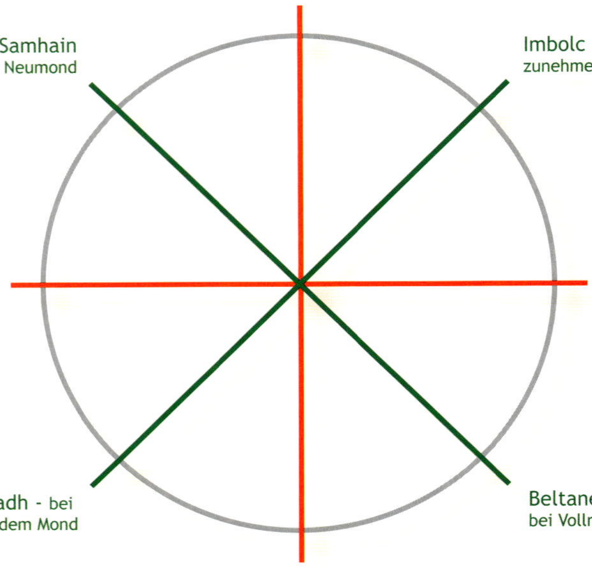

Sonnenkalender
ganz oben: Stonehenge
oben: Aztekenkalender

Grafik rechts:
Sonnenfeste > Achsen des Raumes
Mondenfeste > Achsen der Zeit

Auch die christliche Mystik

verwendet Zahlen und Formen zur Darstellung der Harmonie im Reiche Gottes. Das Fresco der Himmelfahrtskirche in Jerusalem zeigt Jesus als Herrscher der Welt in imagami-Proportionen. In der Mitte Jesus im Zustand der Einheit, auf Sonne und Mond als kosmischer Grundlagen fußend. Die Erzengel schützen die Pforten in den Himmelsrichtungen. Die kleinen Medaillons in den Diagonalen zeigen die Evangelisten in ihrer tierhaften Symbolik und im Bezug auf die vier Elemente. Kreisförmig runden die zwölf Apostel im Tierkreis entsprechend die Komposition ab und deuten auf die Dimension der Zeit.

Abbildung: www.pixelio.de

Bislang haben wir die geometrischen, symbolhaften und qualitativen Eigenschaften des imagami-Formprinzips beleuchtet. Betrachten wir jetzt an praktischen Beispielen, wie die feinen Wirksamkeiten zur Anwendung kommen.

Das tibetische Mandala

ist eine Bildform, die geistige Inhalte zur Betrachtung und Meditation erfahrbar machen soll. In seiner quadratischen Grundform zeigt es ein Abbild der Erde. Der heilige Berg Kailash bildet nach tibetischer Anschauung den Mittelpunkt des großen Mandalas Erde. Das Mandala zeigt die Erde aus der Himmelsperspektive: wir sehen von oben senkrecht auf den Planeten. Der Erdenraum konstruiert sich nach den bekannten imagami-Prinzipien und wir erkennen die „zehn Hauptrichtungen" des Raumes: Die vier Himmelsrichtungen, die vier Nebenrichtungen plus oben und unten. Das Mandala ist also eine zweidimensionale Darstellung der räumlichen Erde. Die aufrechte Achse sehen wir daher von oben nur als Mittelpunkt. Spirituell wird sie für den Betrachter durch den Akt des Sehens wirksam, wenn er sich als ein Pol der Achse in Bezug setzt. Die Mitte, die den Blick unweigerlich anzieht, kann zum Durchlass in geistige Sphären werden. An diesem Punkt fällt es dem Geist besonders leicht die Ebenen zu wechseln, denn im Zentrum schneiden sich Achsen aus drei Dimensionen. Die rechtwinkligen Achsen der Himmelsrichtungen gehören, wie bereits erwähnt, dem Raum. Die diagonalen Achsen der Nebenrichtungen entsprechen der Zeit. Die vertikale Achse, der unsere Aufmerksamkeit folgt, öffnet spirituelle Ebenen, damit unser Bewusstsein hier leicht in geistige Bereiche wechseln kann. Diese Öffnung des Bewusstseins ermöglicht uns ein intuitives Erfassen der dargestellten Inhalte.

Nach tibetischer Auffassung ist der Berg Kailash Mittelpunkt des Mandalas Erde und Sitz der Götter.

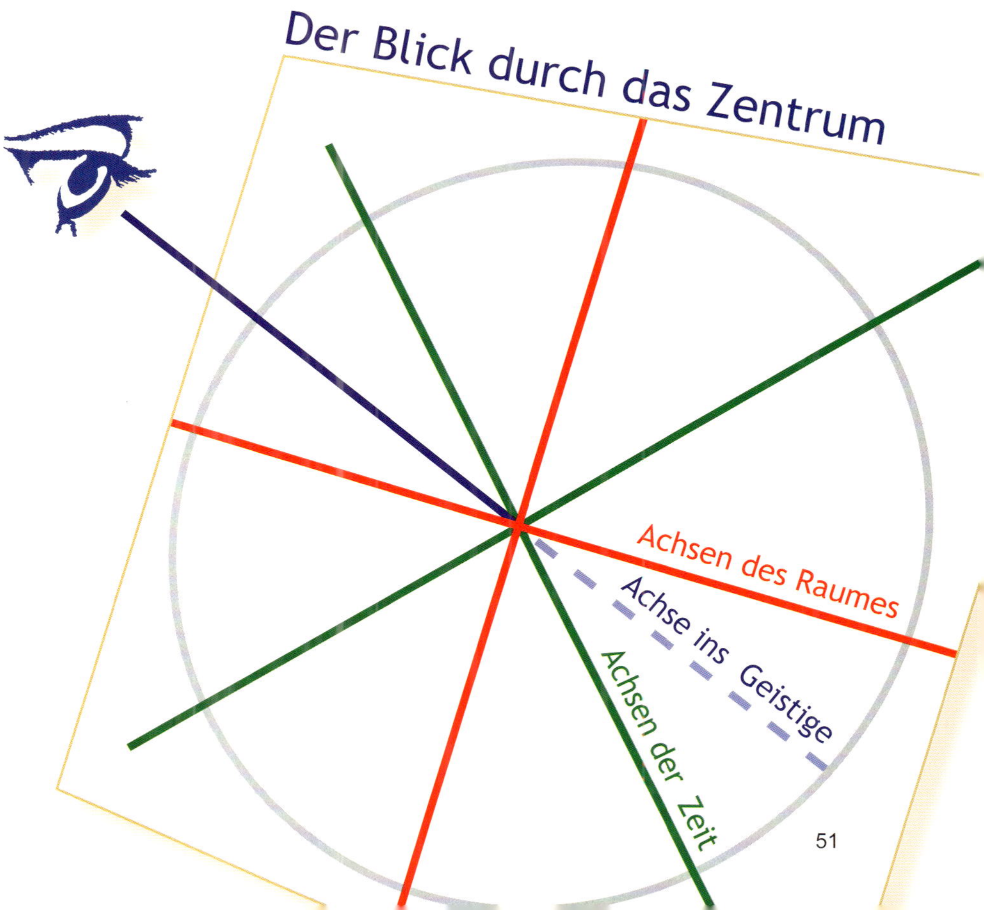

Das indische Yantra

verwendet man in Indien seit ca. 12000 Jahren. Es dient als Instrument der Begegnung zwischen Menschen und der Sphäre des Geistigen. Yantras sind rituelle Zeichen und eine optische Entsprechung zum Mantra, welches die Schwingung des Göttlichen im Worte ausspricht. Wie ein schwingender Ton zur Form kristallisieren kann, zeigte Ernst Chladni im 18. Jhd.: Eine Metallplatte wird mit Quarzsand bestreut und mit einem Geigenbogen angestrichen. Die dunklen Flächen sind die Bereiche der stärksten Schwingung. Der Sand sammelt sich daher an den ruhenden Linien und zeigt den Ton als geometrisches Schwingungsmuster:

Die Naturwissenschaft ohne Religion ist lahm, die Religion ohne Naturwissenschaft aber ist blind.
Albert Einstein

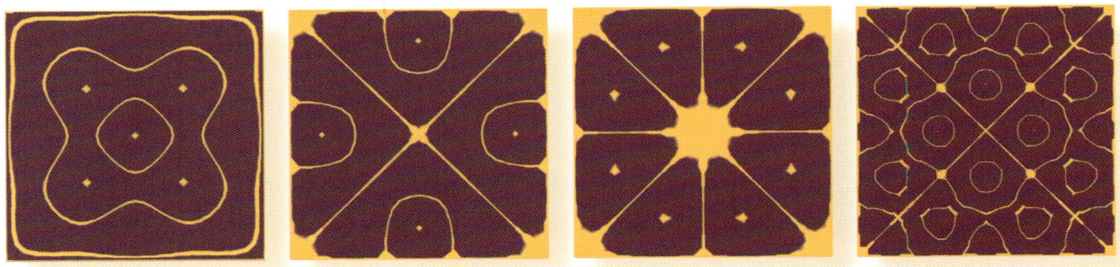

Abb. unten: Das Shree-Yantra gilt als die Königin unter den Yantras. Als das wohl komplexeste Zeichen der Menschheit repräsentiert es das gesamte Universum. Es erreicht mit seiner Urschwingung die höchste Wirksamkeit, weil praktisch Alles mit seiner Struktur in eine heilsame Resonanz eingehen kann.

Die heilige Geometrie des Yantra zeigt die höchste göttliche Essenz als Schwingung in der Dimensionalität, wie sie zur wirksamen Form kondensiert. Das Yantra erzeugt durch die äußere Umrandung ein Feld nach imagami-Proportionen und bildet, kraft der bekannten Achsen, die Grundlage für seine Wirksamkeit. Das Yantra-Kraftfeld strahlt seine Information in konzentrischen Kreisen wellenförmig ab. Weil die wirkenden Kräfte mit den Strukturen des Zellbewusstseins in Resonanz stehen, kann dies physische und geistige Reaktionen auslösen, auch wenn der Inhalt des Yantra nicht bekannt ist. Der Physiker Patrick Flanagan weist auf die erstaunlichen Parallelen zwischen dem Shree-Yantra und der Struktur des Wasserstoffatoms hin. Das hohe naturwissenschaftliche Bewusstsein der altindischen Kultur lässt sich kaum erahnen. Yantras werden zur Meditation und zur rituellen Einweihung verwendet.

Im Vastu, der indischen Kunst und Wissenschaft vom Wohnen, nutzt man die günstige Wirkung von Yantras seit Tausenden von Jahren zur Neutralisation und energetischer Anhebung von gestörten oder belasteten Räumen. Die verschiedenartigen göttlichen Energien, deren Essenz sich in den unterschiedlichen Yantras manifestiert, bieten bei jedem Problem eine angemessene Unterstützung.

Abb.: Fensterrosette der Kathedrale von Chartres.

Die Rosenfenster des Mittelalters

sind ein vorzüglicher Ausdruck der christlichen Mystik. Quadrat, Kreis und Kreuz durchdringen sich als Symbolträger zu einer ausgewogenen Komposition der göttlichen Schöpfung. An zentraler Stelle im Kirchenbau thront die Fensterrose über den Köpfen als Vision der perfekten Harmonie. Immer die Ganzheit meinend und die Herrlichkeit der Vollendung anzeigend, verspricht sie dem gläubig strebenden Menschen Erlösung. Wie nimmt der Gläubige die frohe Botschaft auf? Das Bild wird durch Gottes Licht illuminiert und dadurch wahrnehmbar. Gleichzeitig überträgt es die Information unmittelbar in die feinstofflichen Leiber der Kirchenbesucher.

imagami im Raum

Wie in den bildhaften Beispielen verhält sich das imagami-Kraftfeld auch in der Ebene. Vielleicht sind sie schon einmal aus einem Großstadtgewimmel in die Ruhe einer alten Kirche getreten und haben überrascht die Andersartigkeit des Ortes empfunden. Es erfordert eine hohe Kunst und ein geheimes Wissen Häuser zu bauen, die spirituelle Erlebnisse zulassen und fördern. Das imagami-Prinzip ist architektonische Grundlage vieler Sakralbauten in der ganzen Welt. Es gestattet eine energetisch hoch schwingende Nutzung von Gebäuden und kann eine ganze Siedlung zum Kraftfeld machen. Das „Mandala-Fundament" hat bei den Stadtgründungen der Menschheit bis ins Mittelalter mehr als eine ästhetische Bedeutung.

Abb. unten: imagami-Grundrisse; von links: nach rechts: Prambanan/Indonesien im Mai 2006 durch Erdbeben stark beschädigt; mitte: Nicht sakral, aber bezaubernd: Taj Mahal/Indien ©wegmann-burscheid/Pixelio; rechts: Erlöser Kathedrale in Moskau ©Wolfwehl/Pixelio.

Die Stadtgründung Roms

Ein interessantes Beispiel für den Bau eines Kraftfeldes nach imagami-Art gibt uns der griechische Schriftsteller Plutarch mit seiner Biografie „Das Leben des Romulus". Um die Stadtgründung zu vollziehen, ließ Romulus etruskische Eingeweihte kommen, „die nach gewissen heiligen Regeln und Aufzeichnungen zu allem die Anweisung und Anleitung gaben, wie bei den Mysterien". Als Zentrum wurde eine runde Grube ausgehoben und darein Symbole von allem „was man der Sitte nach als gut und der Natur nach als notwendig in Gebrauch hatte, hineingelegt. Zuletzt brachte jeder eine Handvoll Erde aus dem Lande, woher er gekommen war, und warf sie darauf, und dann mischte man alles. Diese Grube benennen sie mit demselben Wort, wie das Weltall: Mundus." Dieses mikrokosmische Weltall ist der Konstruktionsmittelpunkt der „Urbs Quadrata", der viergeteilten Stadt und später das Zentrum des gesamten römischen Reiches. „Cardo" die Nord-Süd-Straße schneidet „Decumanus" die Ost-West-Straße im Mundus und dadurch entstehen die Stadtviertel. Die Stadtmauer wurde auf der Furche gebaut, die der Stadtgründer einem Zirkel gleich mit dem Pflug um den Mundus zog, um damit das Stadtgebiet abzugrenzen. Wo ein Tor hinsollte, nahm er die Pflugschar hoch und hob sie über die Endpunkte der Stadtkoordinaten.

Im Mundus sah man auch die aufrechte Achse ins Geistige, denn der Mittelpunkt galt als Durchlass zwischen Ober- und Unterwelt. Die Verbindung zum Reich der Ahnen verschloss man mit einem großen Stein. An besonderen Feiertagen rollte man diesen „Seelenstein" beiseite, um den Geistern der Verstorbenen den Zugang zur Welt der Lebendigen zu ermöglichen.

Auch 700 Jahre später kannte man noch die machtvolle Bedeutung des „Umbilicus Urbis", des Nabels der Stadt. Kaiser Augustus ließ 20 v.Chr. über dem Mundus den goldenen Meilenstein als Nullpunkt und Schnittpunkt aller Straßen des römischen Weltmandalas errichten.

Umbilicus Urbis - Der Nabel der Stadt heute.

© unbekannt

„Die Geometrie ist vor der Erschaffung der Dinge gleich ewig wie der Geist Gottes, ist Gott selbst und hat ihm die Urbilder für die Erschaffung der Welt geliefert.“ Johannes Kepler, 1619

Tycho Brahe in Ven

Das Beispiel des Astronomen Tycho Brahe (1546-1601) zeigt uns, wie ein imagami-Kraftfeld über Jahrzehnte ein Instrument der Inspiration und Forschung sein kann. Tycho Brahe war ein universaler Mensch, der die Kräfte des Kosmos kannte und sein unkonventionelles Leben seiner Arbeit unterordnete. Die Bedeutung des „dänischen Leonardos“ für die geistigen Impulse Europas wurde nie wirklich erkannt. Vor der Erfindung des Fernrohrs ermittelte Brahe durch regelmäßige Beobachtung die Bewegungen der Planeten und ca. 1000 exakte Fixsternpositionen. Daraus entstand der erste Sternenatlas. Genauso intensiv forschte Brahe im mikrokosmischen Bereich. Weil er die himmlischen Gesetze auch in den Substanzen der Erde und die mathematischen Harmonien in den Rezepten und Mischungen fand, bezeichnete er die Alchemie als „Astronomie der Erde“. Warum so wenig über diese Seite Tycho Brahes bekannt ist, entnehmen wir seinen Worten: „Ich hielt es für ungeeignet, die Geheimnisse der alchemistischen Kunst öffentlich darzustellen, da nur wenige fähig sind, ihre Mysterien nutzbringend und nicht zerstörerisch zu gebrauchen.“

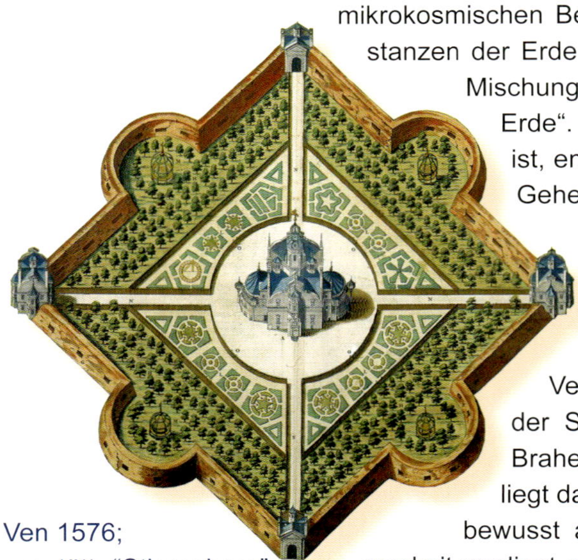

Abb. rechts:
“Uranienborg” auf Ven 1576;
unten: Die Forschungsstätte “Stjerneborg” wurde wenige Jahre später errichtet, weil mehr Raum benötigt wurde. Darstellung nach zeitgenössischen Stichen.

Tycho Brahe konnte den dänischen König Friedrich II. für seine Ideen begeistern. Der Monarch stellte ihm die Insel Veen als Lehen zur Verfügung und finanzierte großzügig den Bau der Sternwarte Uranienborg nach dem „imagami-Prinzip“(1576). Brahe erfand und entwarf alle Geräte und Instrumente selbst. Es liegt daher auf der Hand, dass er sein Hauptinstrument Uranienborg bewusst als Mittelpunkt eines Kraftfeldes baute. Spezielle Aufmerksamkeit verdient auch hier die Bedeutung der vertikalen Achse: „Im Aufblicken schaue ich hinab, im Herabschauen blicke ich empor.“ In den oberen Stockwerken befanden sich die Instrumente zur Himmelsbeobachtung und im Keller die alchemistischen Geräte zum Mischen, Wiegen und Sieden der irdischen Substanzen.

Nach dem Tod seines Förderers Friedrich II. verlor Brahe die notwendige Unterstützung und verließ nach 21 Forschungsjahren die Insel Ven, um seine letzten Lebensjahre in Prag zu verbringen. Sein Wissen teilte er mit Johannes Kepler, den Brahe dort in seinen letzten Lebensjahren zu seinem Assistenten berief. Durch die präzise Beobachtungsgabe Brahes war Kepler in der Lage, die nach ihm genannten Planetengesetze zu formulieren.

„Und ich sah die heilige Stadt, das neue Jerusalem, von Gott aus dem Himmel herabkommen, bereitet wie eine geschmückte Braut für ihren Mann. Und ich hörte eine große Stimme von dem Thron her, die sprach: Siehe da, die Hütte Gottes bei den Menschen!..... sie hatte eine große und hohe Mauer und hatte zwölf Tore und auf den Toren zwölf Engel und Namen darauf geschrieben, nämlich die Namen der zwölf Stämme der Israeliten: von Osten drei Tore, von Norden drei Tore, von Süden drei Tore, von Westen drei Tore..... Und die Stadt ist viereckig angelegt, und ihre Länge ist so groß wie die Breite.... Die Länge und die Breite und die Höhe der Stadt sind gleich.... Und ich sah keinen Tempel (Zentrum) darin; denn der Herr, der allmächtige Gott, ist ihr Tempel, er und das Lamm.“
(Johannes: Offenbarung, Kapitel 21)

Das neue Jerusalem

nennt Johannes das kommende Reich Gottes, das er in einer Schauung erblickte. Seine Beschreibung galt den mittelalterlichen Stadtgründern des christlichen Abendlandes als Ideal. Das neue Jerusalem zeigt sich in klarer geometrisch-architektonischer Gestalt (siehe Zitat links). Der entscheidende Unterschied zu den bislang betrachteten irdischen Ausprägungen des imagami-Prinzips ist die fehlende Dimensionsschwelle im Mittelpunkt. Das neue Jerusalem braucht diesen Durchlass nicht mehr, denn es ist die durch den Mittelpunkt in die göttliche Einheit gestülpte Erde.

Abb. oben: imagami-nr.023 - weiße Pfingstrose - „Emotionale Reinheit weckt unsere Liebesfähigkeit."

Reinigung der Gefühlsebene. Kultivieren der Emotionen. Wahre Hinwendung zum Anderen.

Abb. oben + vorige Seite: imagami-nr.011 - w. Pfingstrose:
„Was mich umgibt ordnet sich durch inneren Frieden."

Seine Mitte finden, den eigenen Platz einnehmen.

Päonie

Die Abbildungen zeigen verschiedene Entwicklungsstadien einer Blüte der weißen Päonie oder auch Pfingstrose genannt.

Abb. links: imagami-nr.230 - weiße Pfingstrose.
Rechts oben: imagami-nr.231 - weiße Pfingstrose.
Rechts: imagami-nr.232 - weiße Pfingstrose.

imagsmi : Gartenblumen

Gartenblumen

Im Herbst sammelte ich alle meine Sorgen und vergrub sie in meinem Garten. Als der Frühling wiederkehrte - im April - um die Erde zu heiraten, da wuchsen in meinem Garten schöne Blumen.

Khalil Gibran

Die Blumen, die in unseren Gärten blühen, sind ein Ergebnis der Beziehung zwischen Mensch und Natur. Als der Mensch vor langer Zeit den paradiesischen Zustand der Einheit verließ und getrennt von der Schöpfung erwachte, entstand sein Wunsch, das eigene Leben zu sichern und seine Umstände zu verbessern. Er begann wilde Pflanzen zu kultivieren, um in ausreichender Menge über Heil- und Nahrungsmittel zu verfügen. So wurden frühe Menschen vor Urzeiten sesshaft und entwickelten aus wilden Gräsern unser heutiges Getreide.

Das Bedürfnis von Schönheit umgeben zu sein, bewirkte die Züchtung der Blumen des Gartens. Der Mensch bemühte sich, die wunderbaren Farben und Formen der Pflanzen zu steigern, um darüber eigene seelische Empfindungen darzustellen und auszuleben. So sah man in vielen Pflanzen Verkörperungen menschlicher Tugend. Sagen und Mythen erzählen davon. Ein Beispiel zeigt das Bild der stilisierten Lilie. In ihr fand man Reinheit, Unschuld und Jungfräulichkeit verkörpert. Die obige Darstellung als dreiblättrige Blüte schmückte symbolhaft so manches königliche Wappen.

Die kultivierten Pflanzen aus dem Garten der Menschheit können ihren gesteigerten Ausdruck nur mit Hilfe von menschlicher Pflege erhalten. Ohne Zuwendung fallen sie wieder in wildere Formen zurück. Der natürliche Garten und seine Blumen stehen daher für eine verantwortungsvolle Beziehung zwischen Mensch und Natur.

Abb. oben: imagami-nr.125 - Pfingstrose: „Durch die Tore zu den höheren Welten strömt göttliche Speise."

Hilft die Fülle, die aus den geistigen Welten zu uns strömt, aufzunehmen und zu integrieren.

Rose

Abb. oben: imagami-nr.083 - Rose:
„Ich finde meinen Rhythmus in mir."
Fördert die Durchlässigkeit von Impulsen aus dem Ich. Stärkt die Ich-Kräfte. Harmonisiert den Wärme-Puls.

Rechts: imagami-nr.041 - Heckenrose:
„In Freude verschenken wir uns."
Großzügigkeit, Lebenskraft und Freude. Weckt die Herzenskräfte und öffnet die göttliche Quelle der Freude.

RoseRose

Abb. oben: imagami-nr.055 - Rose:
„Die kleinen alltäglichen Taten entfalten ihre Größe im Geistigen."
Bietet Unterstützung, wenn man darunter leidet zurückstecken zu müssen.
Hilft den wirklichen Wert unscheinbarer Taten zu erkennen. Hilfe zum Verzicht.

Rechts: imagami-nr.009 - Rose:
„In den unendlichen Räumen der Wirklichkeiten ist nichts als die Liebe Gottes."
Wirkt harmonisierend auf den Rhythmus von Blutkreislauf und Atem. Verbessert die Eigenschaften des Blutes.

Chrysantheme & Hortensie

Abb. oben: imagami-nr.090 - Chrysantheme:
„Spielerisch und unbefangen vertraue ich der Welt."
Innen und außen stehen in Harmonie. Hilft sich zu öffnen, ohne sich zu verlieren.

Rechts: imagami-nr.010 - Hortensie:
„In reiner Zartheit schwingt mächtiger Klang in die Weite."
Rescue - universale Hilfe und Schutz vor schädlichen Einflüssen.
Fördert das Aufweichen verhärteter Strukturen.

Iris

Abb. oben: imagami-nr.012 - Iris: „In selbstloser Stille öffnet sich die ruhende Seele dem Weltenwort."
Steigert die Aufnahmefähigkeit. Wirkt regulierend auf den Wasserhaushalt und die Haut. Vergegenwärtigt die Eigenschwingung.

Linke Seite oben links: imagami-nr.220 - Iris; oben rechts: imagami-nr.222 - Iris; unten links: imagami-nr.215 - Iris; unten rechts: imagami-nr.224 - Iris.

Iris

Abb. oben: imagami-nr.020 - Iris:
„Liebe bewirkt, dass die Kräfte des Kosmos sich durchdringen.“
Integration. Hilft Dinge anzunehmen und ins eigene System hinein zu verwandeln.
Erleichtert, sich anderen Einflüssen zu öffnen und empfänglich und fruchtbar zu werden.

Winterling

Abb. oben: imagami-nr.053 - Winterling:
„Das Licht greift ordnend in die irdischen Bereiche."
Kühlt und durchlichtet Emotionen. Ordnet Gefühle und Gedanken.
Wirkt förderlich auf Drüsen und die Flüssigkeitsbalance.

Schmucklilie

Oben: imagami-nr.095 - Schmucklilie:
„Öffne Dich für die Zuwendungen und Hilfen, die Dir zuteil werden."
Uns wird vielerlei Hilfe zuteil, die wir nicht erwarten und oft nicht bemerken. Unterstützt bei schweren Aufgaben und wenn man sich allein gelassen fühlt. Fördert Vertrauen und Dankbarkeit. Hilft auch Kindern mit den genannten Schwierigkeiten umzugehen.

Blumenlauch

Oben: imagami-nr.139 - Blumenlauch:
„Ich öffne mich vertrauensvoll dem Rhythmus des Lebensflusses."
Die Lebenskräfte werden angeregt. Die wässrigen Anteile pulsieren; das fördert Stoffwechsel und Ausscheidung.

Wicke

Wicke

Abb. oben: imagami-nr.054 - Wicke:

„Indem wir Anderen Gutes wünschen, schützen wir den eigenen Weg."

Hilft negative Gedanken und Strukturen zu überwinden und schafft Klarheit.

Aktiviert die positiven Kräfte des Karmas.

Rechts: imagami-nr.056 - Wicke:

„Indem wir unsere Aufgabe völlig annehmen, erlangen wir die Kraft, sie zu bewältigen."

Wir schließen Frieden mit unserem Schicksal. Löst Wiederstände gegen das eigene Potential.

Sich selbst annehmen.

Tulpe

Abb. oben: imagami-nr.131 - Tulpe:
„Im Gleichmaß vereinigen sich Liebe und Weisheit zu Güte."

Rechts: imagami-nr.114 - Heckenrose:
“Durch den maßvollen Umgang mit den eigenen Worten, lerne ich mit dem Herzen zu lauschen.”

Die Angst überwinden, sich anderen Menschen (Wesen) zu öffnen.
Dämmt den pausenlosen Sprachfluss ein, der wirkliche Begegnung vermeiden soll.

Heckenrose

Tulpe

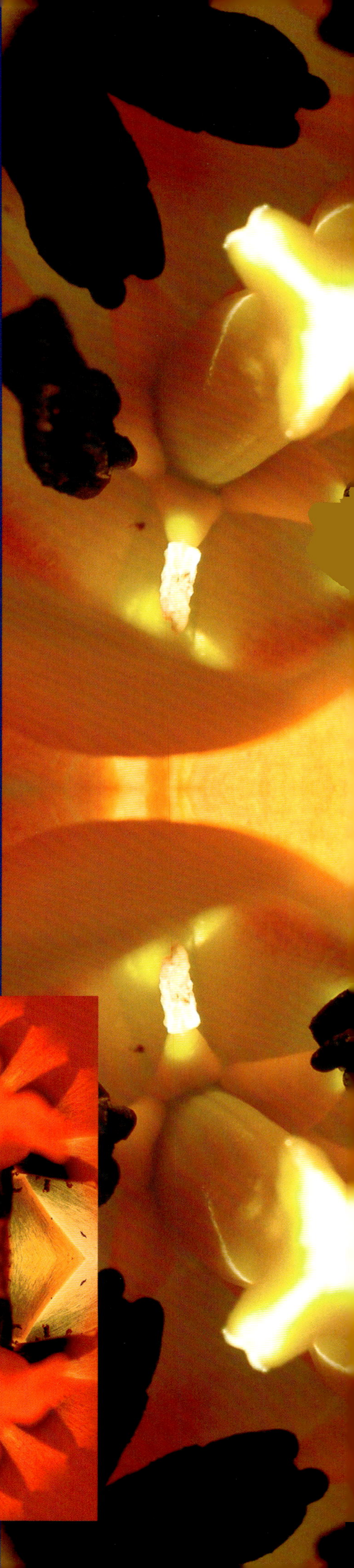

Abb. oben: imagami-nr.213 - Tulpe.

Rechts: imagami-nr.212 - Tulpe.

Rechte Seite:
imagami-nr.007 - Tulpe:
„Demut ordnet Licht und Schatten."
Eine maßvolle Wärme entsteht. Hilft ein emotionales Gleichgewicht zu finden.

Kapuzinerkresse

Abb. oben: imagami-nr.029 - Kapuzinerkresse:
„In spielerischer Leichtigkeit findet Schönheit Erfüllung.“

Mohn

Die Bilder der Mohnkapseln
lassen traumhafte Welten erahnen . . .

Abb. oben: imagami-nr.206 - Mohn; ganze Seite: imagami-nr.205 - Mohn

Mohn

Abb. oben: imagami-nr.204 - Mohn.

Rechts Oben: imagami-nr.057 - Allant:
„Aus den Tiefen unserer Herkunft erstrahlt unser Stern."
Verbindung mit dem Ursprung, sich erinnern, Verdrängtes integrieren.

Rechts: imagami-nr.058 - Fette Henne:
„Über allen Welten tönt Weisheit."
Durch Erfahrungen Wissen erlangen und sinnbringend integrieren. Bringt uns in Kontakt mit unseren Möglichkeiten.

Alant

Fette
Henne

Löwenmäulchen

Abb. oben: imagami-nr.075 - Löwenmäulchen:
„In der Freude, die mir Andere entgegenbringen, spiegelt sich mein inneres Licht ."
Sich anderen Menschen öffnen. Begegnungen zulassen. Freudvoll vertrauen.

Rechts: imagami-nr.044 - Stockrose:
„In Zuversicht lösen sich die Schatten – Heilung kann geschehen."
Löst Verhärtungen und entspannt. Bringt Zuversicht und Vertrauen.
Versetzt in einen entspannten, schlafähnlichen Zustand, in dem vegetative Prozesse Heilung bringen.

Stockrose

Abb. oben: imagami-nr.006 - Kornblume:
„Alle Kräfte des Kosmos verbinden sich in uns zu einem einzigartigen Juwel."
Zur Stärkung der Persönlichkeit, des Selbstbewusstseins und der eigenen Wertschätzung.

Rechts: imagami-nr.042 - Rittersporn: „Dunkelheit wird Licht."
Hilft negative und verhärtete Emotionen (Zorn, Hass, etc.) umzuwandeln und aufzulösen.

Kornblume & Rittersporn

Steppenkerze

Abb. oben: imagami-nr.060 - Steppenkerze:
„Die Quelle meiner reinen Freude zeigt sich in der Außenwelt."

Freude muss keinen äußeren Anlass haben, sondern gründet in unserem Sein und strahlt in unser Umfeld.
Der Geist läutert die Emotionen. Die Freude löst sich vom Triebhaften.

Abb. oben: imagami-nr.078 - Steppenkerze: „Ich atme Reinheit."

Mein emotionaler Austausch mit der Umwelt wird reiner. Aktiviert das Herzchakra durch Steigerung der Lichtdurchlässigkeit. Hilft die Lungen zu reinigen (entschleimend).

Lupine

Abb.: imagami-nr.079 - Lupine: „Ich verfüge über alle Kräfte meine Aufgaben zu lösen."
In jeder Aufgabe liegt ihre Erfüllung. Weckt Kraftreserven, indem wir uns auf den Impuls besinnen, mit dem wir uns für die Aufgabe entschieden haben. (Nur bei Aufgaben, die für uns stimmig sind.)

Blauaugengras

Abb.: imagami-nr.094 - Blauaugengras: „Ich vertraue meiner Kraft und entfalte mein Potential."

Innen und Außen sind im richtigen Verhältnis. Alles ist am richtigen Ort.

Wenn man punktgenau über sein Potential verfügen möchte (z.B. Prüfungstermin).

Dahlie

Abb. oben: imagami-nr.514 - Dahlie. Rechts: imagami-nr.513 - Dahlie.

Rechts oben: imagami-nr.508 - Dahlie:
„Ich entwickle mein Wesen, indem ich mein Schicksal ergreife.“
Arbeit am Karma.

Dahlie
& Leinblüte

Abb. oben: imagami-nr.008 -Leinblüte:
„Alle Wesen der Erde wirken hingebungsvoll an der Erlösung des Versprechens, das jeder Einzelne sich selbst gegeben hat.“
Fördert die Dankbarkeit für unsere eigene Existenz, unsere Lebensumstände und die tiefe Ordnung, die dahinter steht. Durch das Erkennen der helfenden Wesen wird unser Lebensweg leichter.

Links: imagami-nr.109 - Dahlie:
„Alles Lösen und Binden fügt sich in die göttliche Ordnung des Lebens.“
Hilft, sich nicht länger gegen Entwicklungen zu sträuben und Veränderungen zuzulassen. Erleichtert das Loslassen und den Umgang mit seelischen Schmerzen. Unterstützt den Trauerprozess.

Rhododendron

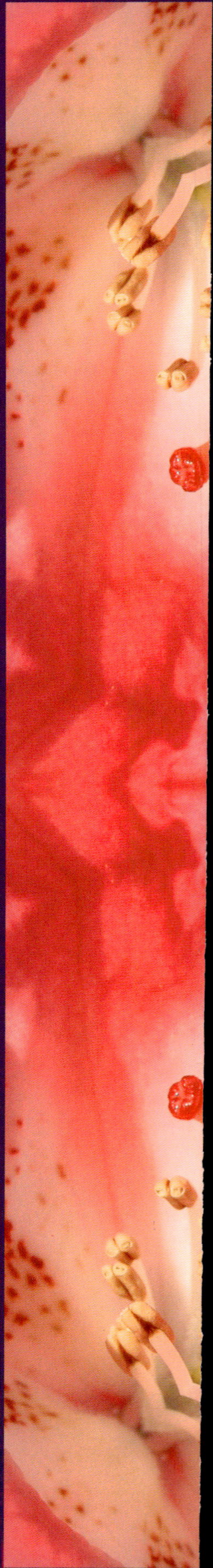

Abb. oben: imagami-nr.059 - Rhododendron:
„Aus dem Urgrund der Vergangenheit erwacht die Zukunft."
Gewohnheiten überwinden, aus der Lethargie erwachen, sich von Vergangenem lösen.

Rechts: imagami-nr.035 - Rhododendron:
„Unsere Taten wirken durch Zeit und Raum."
Verantwortung für das eigene Handeln übernehmen und bewusst Entschlüsse fassen.
Führt zu größerer Kraft und stärkt das Verantwortlichkeitsgefühl. Fördert liebevolles Handeln.

Mensch und Pflanze

Was hat der Mensch mit den Pflanzen zu tun?

Was der Saft im Baum ist, das ist die Seele im Körper, und ihre Kräfte entfalte sie, wie der Baum seine Gestalt. Die Erkenntnis gleicht dem Grün der Zweige und Blätter, der Wille den Blüten, das Gemüt ist wie die zuerst hervorbrechende Knospe, die Vernunft wie die voll ausgereifte Frucht. Der Sinn endlich gleicht der Ausdehnung des Baumes in Höhe und Breite. So ist die Seele der innere Halt und die Trägerin des Leibes.

Hildegard von Bingen

Die geometrische Struktur des imagami bündelt und intensiviert die Wirkungen, die von der abgebildeten Pflanze ausgehen. Diese Wirkungen können durch das imagami belebend und seelisch ausgleichend auf den Menschen wirken. Wie kann eine Pflanze dem Menschen helfen? Fast jeder kennt die belebende Kraft eines Waldspaziergangs oder die wohltuende Wirkung einer pflanzlichen Arznei. Weil das so selbstverständlich ist, fragen wir kaum, worin eigentlich die Verbindung zum Pflanzenreich besteht. Nur durch die Verwandtschaft von Mensch und Natur kann sich dieser Effekt einstellen.

Gott schläft im Stein, atmet in der Pflanze, träumt im Tier - und erwacht im Menschen.

Angelus Silesius

Dieser Spruch beschreibt das Wesen der natürlichen Bewusstseinsformen sehr schön: Allen ist gemeinsam, dass sie ihr Wesen durch eine körperliche Form ausdrücken. Bei den Pflanzen kommen Lebensprozesse hinzu und das Tierreich verfügt darüber hinaus über die Fähigkeit, durch Sinneswahrnehmung und Fortbewegung mit der Umwelt in Austausch zu treten. Erst im Menschen erwacht das Bewusstsein. Als Bewohner desselben Planeten entspringen alle Lebensformen derselben Quelle und haben daher eine natürliche Wesensverwandtschaft. Der Gedanke liegt nahe, dass auch der Mensch im Laufe seiner Entwicklung ein pflanzenartiges Stadium durchschritten hat. An die Bewusstseinsform der Pflanze erinnert zum Beispiel heute noch der Schlaf: Während das Bewusstsein im herab gedämmerten Zustand auf die Traumreise geht, bleibt der Körper in seinen vegetativen Prozessen im Bett zurück. Die „innere Pflanze" regelt mit der Atmung den Herzschlag und den Stoffwechsel, womit das Bewusstsein überfordert wäre. Auf dieser vegetativen Ebene befinden wir uns, wie die gesamte Pflanzenwelt, im paradiesischen Zustand der Einheit. Dort ist das gesamte Potential verfügbar und jeder Mangel kann daraus ergänzt und ausgeglichen werden. Deshalb können wir am Morgen erfrischt und mit neuen Kräften erwachen.

Wenn Gott Mensch werden konnte, kann er auch Stein, Pflanze, Tier und Element werden. Und vielleicht gibt es auf diese Art eine fortwährende Erlösung in der Natur.

Novalis

Einen interessanten Hinweis auf die Beziehung von Mensch und Pflanze gibt Rudolf Steiner: Den aufgerichteten Menschen vergleicht er mit einer umgedrehten Pflanze. Er weist auf die folgende dreifache Ähnlichkeit hin:

Gehirn - Wurzel; Atmung/Blutkreislauf - Blätter; Fortpflanzungsorgane - Blüte.

Im Laufe der Menschheitsentwicklung wendete der Mensch seine Fortpflanzungsorgane der Erde zu und verwurzelte seine Gedankentätigkeit im Himmel. Durch diese Umkehrung der körperlichen Anlagen wird er körperlich frei und geistig unabhängig. Der Preis für die Freiheit des Bewusstseins ist der Fall aus der Einheit in die Polarität.

Die Naturreiche verfügen in ihrer schier unerschöpflichen Vielfalt über Kräfte und Qualitäten, die in einer verträglichen Form den Menschen auf seinem Entwicklungsweg unterstützen können. Stellen wir uns vor, dass jede Pflanze eine Facette des Irdischen auf einer natürlich-Heilen Ebene verkörpert. So kann die richtige Pflanze dem Menschen in seiner persönlichen Situation die benötigte Information geben, seine Mitte wieder zu finden und heil zu werden.

Abb.: imagami-nr.523 - Hibiskus

Bilder spiegeln und steigern

Ein gespiegeltes Bild zeigt seine Bildinformation zweimal. An einer Spiegelachse verdoppelt sich der Bildinhalt seitenverkehrt und wird zu einer ausgewogenen Form. Die entstandene Symmetrie weckt in uns eine Empfindung von geformter Schönheit. Dadurch erhält das Bild eine größere Aufmerksamkeit und das steigert die Bedeutung des Motivs.

Durch die Spiegelung entsteht ein Bildzentrum. Die neue Mitte betont gewisse Bildteile und fügt sie in neue Seh- und Sinnzusammenhänge. Das Motiv erscheint nun reiner und sein Charakter offenbart sich deutlicher. Deshalb kann man die Spiegelung als einen optischen Akt der Läuterung begreifen.

Abb. oben: Spiegelsymmetrie als Zugang zur elementaren Welt: Pflanzendeva; Darstellung aus einem Tempel in Sri Lanka. Andere Abbildungen im Vorsatzpapier des Buches.

Ein erhabenes Gefühl entsteht, beim Anblick eines natürlichen Spiegels.
©Sergej23 | Pixelio

Dann und wann zeigen sich kleine Zwerge...

Manche Menschen erkennen in der Spiegelung von Naturbildern Wesen des Waldes, Kobolde oder Elfen. „Anthropomorpher Animismus“ nennt es die Wissenschaft, wenn man die Natur als beseelt empfindet und menschenähnliche Wesen für deren Lebensformen hält. Hier verwendet die Seele, ähnlich wie in Träumen, Bilder aus dem Erfahrungsschatz des Menschen, um Botschaften aus unbewussten Schichten ins Bewusstsein zu heben und zu erkennen. Wenn dadurch neue Gegebenheiten und Zusammenhänge gesehen und erfahren werden, ist das Spiegeln von Bildern keine Spielerei mehr. Es kann als Methode zur Wahrnehmung feinstofflicher Ebenen dienen und besonders einen Zugang zu den elementaren Ebenen vermitteln.

Im Angesicht der Polarität

Das Leben in der Welt der Gegensätze orientiert sich an zwei Polen:

innen - außen, weich - hart, dunkel - hell, feucht - trocken, usw.

Nach der Lehre von Yin und Yang werden alle Phänomene von einem der Pole überwogen. Erst wenn alle Prinzipien ausgeglichen sind, finden wir unsere Mitte und dadurch Einheit und Frieden.

Linkshändigen Menschen sagt man eine signifikant höhere Intelligenz und eine künstlerische Begabung nach. Daraus lässt sich schließen, dass auch die Körperseiten unterschiedliche Qualitäten ausdrücken, denn die Betonung einer physischen Seite geht mit der Betonung einer mentalen Seite einher. Die linke Seite entspricht eher dem weiblichen und die rechte Seite eher dem männlichen Prinzip. Das gilt auch für die Seiten des Gesichts, dessen paariger Aufbau das Leben in der Polarität abbildet. Möchte man die Yin-Yang-Verteilung eines Menschen erfassen, erzeugt die Spiegelung einer Gesichtshälfte einen reinen Ausdruck der innewohnenden Qualität. Dieses Bild können wir in seiner Deutlichkeit mühelos lesen und erfassen.

When too perfect lieber Gott böse.

Nam June Paik

Yang-Seite (männlich) Yin-Seite (weiblich)

Abb.: Wer sind denn diese sympathischen Drillinge? Der Autor (Mitte) war zu Anschauungszwecken bereit seine polaren Seiten zu verkörpern.

wie ein imagami entsteht

Ich habe das Glück, ländlich zu wohnen und den wunderschönen Garten meiner Frau Meela mit seiner erstaunlichen Lebendigkeit und reichen Pflanzenvielfalt vor der Tür zu haben. Deshalb stammen viele Pflanzen, die auf den imagami zu sehen sind, aus meiner unmittelbaren Umgebung. Wenn ich in die Natur trete, erkenne ich Blüten, die bereit sind als imagami zu wirken. Ich nehme eine bestimmte Atmosphäre wahr, versuche diese fotografisch wiederzugeben und daraus ein imagami entstehen zu lassen.

Dazu wähle ich den Teil des Bildes aus, der als Grundlage die Information des späteren imagami trägt. Durch Spiegeln wird die Bildinformation verdoppelt. Weil das optisch gespiegelte Bild immer etwas an Deutlichkeit einbüßt, erfolgt die Doppelung durch den Computer. Das fertige imagami prüfe ich auf seine Klarheit und seine Ausstrahlung. Spüre ich eine besondere Qualität in dem neuen Bild, stellt sich die Frage, ob diese eine nützliche Anwendung finden kann. Das erfordert eine tiefere meditative Erforschung, bevor an eine Veröffentlichung zu denken ist.

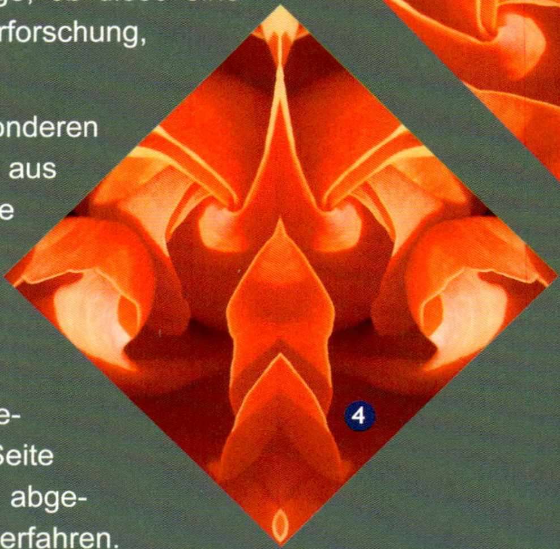

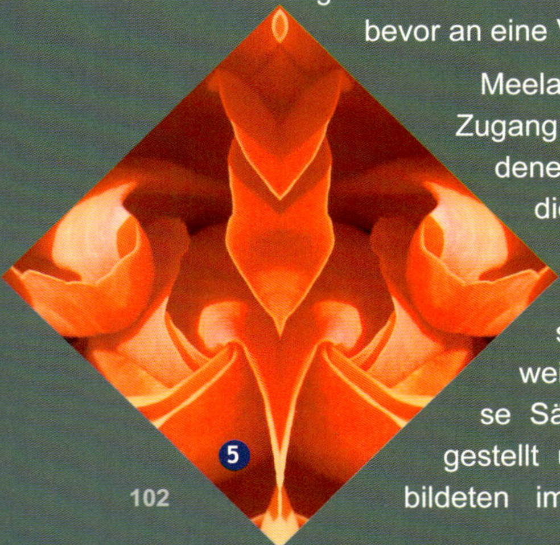

Meela Martina Frechen hat einen besonderen Zugang zu den feinstofflichen Bereichen, aus denen die imagami wirken. Aspekte dieser Wirksamkeiten verdichtet sie zu kurzen Meditationssätzen, die helfen können, sich in die Schwingung des jeweiligen imagami einzufühlen. Diese Sätze sind manchen Bildern zur Seite gestellt und bieten eine Möglichkeit, die abgebildeten imagami-Qualitäten meditativ zu erfahren.

Abbildungen linke Seite:
Blick in den Garten von Meela Martina Frechen im oberbergischen Land. Hier wächst die Rose, deren Blüte zu einem bestimmten Zeitpunkt die Bereitschaft signalisierte als imagami zu wirken.

❶ Das Bild der Rose spiegelt den Zauber, der die Blüte umgibt.

❷ Das gelbe Dreieck zeigt welcher Bildausschnitt, für das imagami verwendet werden soll.

❸ Diese Bildinformation ist die Basis des zukünftigen imagami.

❹ + ❺ Die Spiegelung vermittelt einen ersten Eindruck von den wirksamen Kräften der späteren imagami.

Ein klares und störungsfreies Ausgangsbild ist die Grundlage für die heilsame Ausstrahlung eines imagami. Jede Pflanze und auch ihre Abbildung enthält eine besondere Information. Eine welkende Blüte kann keine Lebendigkeit vermitteln, daher muss das Ausgangsbild die Natur in ihren aufbauenden Prozessen wiedergeben. Die Bildinformation der Rosenblüte ermöglicht zwei gehaltvolle imagami-Bilder, wobei die äußeren Bildecken jeweils das Zentrum des anderen imagami bilden.

Den Abbildungen stehen Worte zur Seite, die die Qualität der Bilder aussprechen. Diese Anregungen zur Anwendung ergeben sich aus einer meditativen Erforschung nach dem Resonanzprinzip und den Erfahrungen aus der Praxis. Die genannten seelischen Befindlichkeiten werden ausgelöst oder verstärkt, wenn man sich den Bildern öffnet. Verschiedene Möglichkeiten der heilsamen Nutzung dieser Energien vermittelt das imagami-Heil-Zeit-Seminar.

Abb. rechts oben: imagami-nr.002 - Rose:
„Ich bin der Schöpfer meiner Wirklichkeit."
Schafft Urvertrauen und regt die Eigenaktivität an. Hilft gegen Desinteresse, Lethargie und leichte Depressionen. Regt an, Verantwortung zu übernehmen und sich durchzusetzen.

Rechts: imagami-nr.024 - Rose:
„Formkräfte streben aus göttlicher Quelle."
Fördert Wachstum und Kontinuität;
Bewahren der eigenen Grundsätze.

Die Blüte ist die vollkommenste Offenbarung
des übersinnlichen Pflanzenwesens

Wilhelm Pelikan

Tropische Blüten

imagami : Tropische Blüten

Die meisten Blüten für diese imagami aus wärmeren Regionen wurden in Sri Lanka fotografiert. Sie zeigen die bunte Lebendigkeit der Tropen in ihrem schier unbegrenztem Formenreichtum. Die Regeln, denen das Pflanzenwachstum folgt, unterscheiden sich deutlich von denen unserer Breiten. So tragen einige Bäume ihre Blüten am Stamm, andere treiben gleichzeitig Knospen, Blüten und Früchte und den Laubwechsel vollzieht jeder in seinem eigenen Rhythmus. Es entsteht eine verschwenderische Vielfalt, auf die in diesem Abschnitt etwas genauer eingegangen wird. - Genießen Sie den Kurzurlaub im Paradies!

imagami-nr.510 - Orchidee:
"Ich finde in mir den Zugang zur Quelle meines unerschöpflichen Urvertrauens."
Vermittelt den Mut, sich trotz seelischer Verletzungen zu öffnen und schenkt Geborgenheit: Ich fühle mich angenommen und geliebt.

Linke Seite: In dieser Blüte erkennt man Formen des traditionellen Tempelbaus.

Orchidee

Orchidee

Die Orchidee ist die Königin unter den Blütenpflanzen. In Tausenden von Arten und Variationen bringt sie eine unglaublich vielgestaltige und ausdrucksstarke Blütenpracht hervor. Der ganze Überschuss ihrer Lebenskräfte fließt in die Bildung eines enorm großen und langen Blütenstandes, der über Wochen und Monate seine ganze Herrlichkeit entfalten kann. Fast jeder erkennt in den besonders detailreich und charakteristisch plastizierten Formen die Orchidee. Sie erinnern in Ausformung und Zeichnung auch an Insekten. Wäre die Orchideenblüte eine künstlerische Plastik, würden die meisten Menschen in ihr die Ausdrucksweise eines speziellen Künstlers erkennen. Für diesen besonderen Stil sind astralische Kräfte verantwortlich, die auch im Tierreich wirken. Die Orchidee gelangt zu einer besonderen Eigenständigkeit, weil sie den Erdcharakter fast vollständig in ihr Wesen aufgenommen hat und daher fast ohne Erde gedeihen kann.

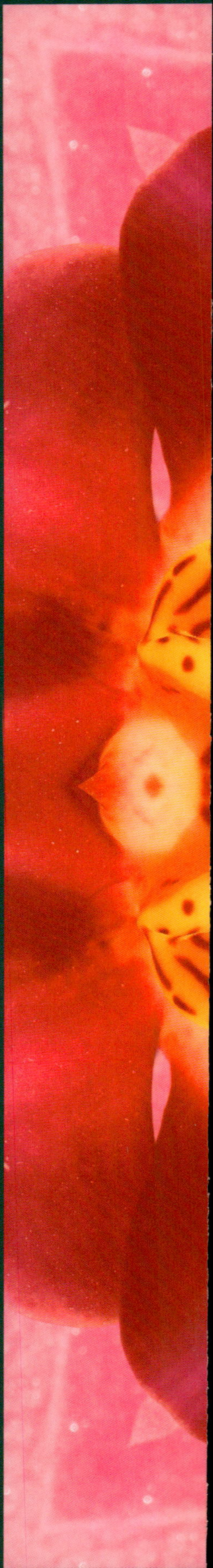

Abb. links: imagami-nr.520 - Orchidee. Oben: imagami-nr.118 - Orchidee:
„In der Tiefe meines Herzens liegt das Tor zu meinem Ursprung."
Wirkung auf die Zellinformationsebene: Rückbesinnung der Zelle auf ihre Aufgabe.

Buddhablume

Die Buddhablume ist die Blüte des riesigen Kanonenkugelbaums. Sie kann orangengroß werden und eine fußballgroße Frucht ausbilden. Ihr unsymmetrisches, wellenartiges Inneres scheint alle mitteleuropäischen Wuchsgesetze zu brechen. Entfernt man die Blütenblätter und den Stempel, offenbart sich eine feste, weiße Form, die eine verblüffende Ähnlichkeit mit den überall in Sri Lanka befindlichen Stupas hat. Diese wiederum machen die Stufen des Erleuchtungsweges sichtbar, den Buddha für die Menschen gangbar gemacht hat. Daher der schönere und botanisch unkorrekte Name Buddhablume, verbunden mit der Frage, inwieweit die Pflanzen Einfluss auf die Gedankenwelten der Menschen ausüben.

Abb. oben: Blüten und Früchte des Kanonenkugelbaums.

Rechts: Stupa, formgewordener Erleuchtungsweg mit einem Grundriss nach dem imagami-Prinzip.

Rechte Seite: imagami-nr.064 - Buddhablume: „Meditation bringt Sammlung und Kraft.“
Hingabe. Trägt die Verbindung zur geistigen Welt durch den Alltag.

Buddhablume

Abb. oben: imagami-nr.065 - Buddhablume:
„Jede Zelle des Körpers ist ausgerichtet auf die göttliche Essenz in uns."
Wendung nach innen. Abkehr von den Ablenkungen der äußeren Welt.

Links: imagami-nr.509 Buddhablume.
Rechts oben: imagami-nr.503 - Buddhablume.
Rechts: imagami-nr.512 - Buddhablume.

Lotus

Die Blüte des Lotus umspielt ein zauberhaft leichtes Leuchten, dass einen Blick in feinere Sphären erlaubt. Seit jeher verkörpert der Lotus menschliche Ideale wie Reinheit, Weisheit und Schönheit. Er gründet im Schlamm und wandelt seine Erscheinung in einen Ausdruck vollkommener Harmonie. Der Lotus symbolisiert auch die Schöpfung aus dem Nichts und steht für den reinen Geist der Erleuchtung. Es ist ein großes Geschenk eine Blüte anschauen zu dürfen.

Das Lotusblatt steht frei über dem Wasser und ist ein Sinnbild für das Nicht-Anhaften und das Loslassen vom Weltlichen.

Alles perlt ab, denn das Wesen des Blattes ist Reinheit.

Abb. oben: Lotusblüte.

Rechts: Lotusblatt.

Rechte Seite: imagami-nr.113 - Lotus:
„Ich werde stetig neu.“

Vertrauen in den ständigen Wandel. Mindert die Angst vor Veränderung. Hilft gegen Stagnation und Festhalten am Gewohnten.

Tempelblume

Überall in Sri Lanka blühen die Tempelblumen an hellen Bäumen. Ihre reine Erscheinung, ihr lieblicher Duft und ihre freie Verfügbarkeit machen sie zur idealen Opfergabe. Daher schmücken sie jeden Tempel und jeden Altar mit ihrem schönen Wesen. Ihren Wohlgeruch schenken sie auch dem beliebten Räucherwerk „Nag Champa“: süßlich, blumig, erhebend.

Abb. oben: imagami-nr.518 - Tempelblume.

Rechts: imagami-nr.067 - Tempelblume: „Hingabe strömt aus nie versiegender Quelle.“

Weckt Kräfte zur Bewältigung größerer Aufgaben.

Tempelblume

Abb. oben: Die rote Variante der duftenden Baumblüte.

imagami-nr.121 - Tempelblume: „Ich schöpfe Kraft im Gebet."

Stärkt die Kraft der Gebete und der Wünsche. Hilft sich kraftvoll an die geistige Welt zu wenden. Fördert die Ausrichtung.

Ingwer

Der Ingwer ist das Allheilmittel gegen entzündliche Krankheiten in den Tropen. Auch manche unserer Erkältungen kann er mit seinem Feuer im Keime ersticken.

Abb. : imagami-nr.110 - Ingwerblüte: „ Meine Liebe schützt mich.“
Stärkt den Selbstschutz bei Angriffen und vor schlechten Gedanken.

Tee

Tee

Abb. oben: imagami-nr.112 - Teeblüte: „In der Zentriertheit komme ich zur Besinnung.“

Wirkt beruhigend und zusammenziehend.

Rechts: imagami-nr.111 - Kaffeeblüte: „Geistige Spannung impulsiert die Substanz.“

Verbindet den Geist mit dem Körper. Überwinden von Trägheit, Wiederbelebung.

Kaffee

Amaryllis

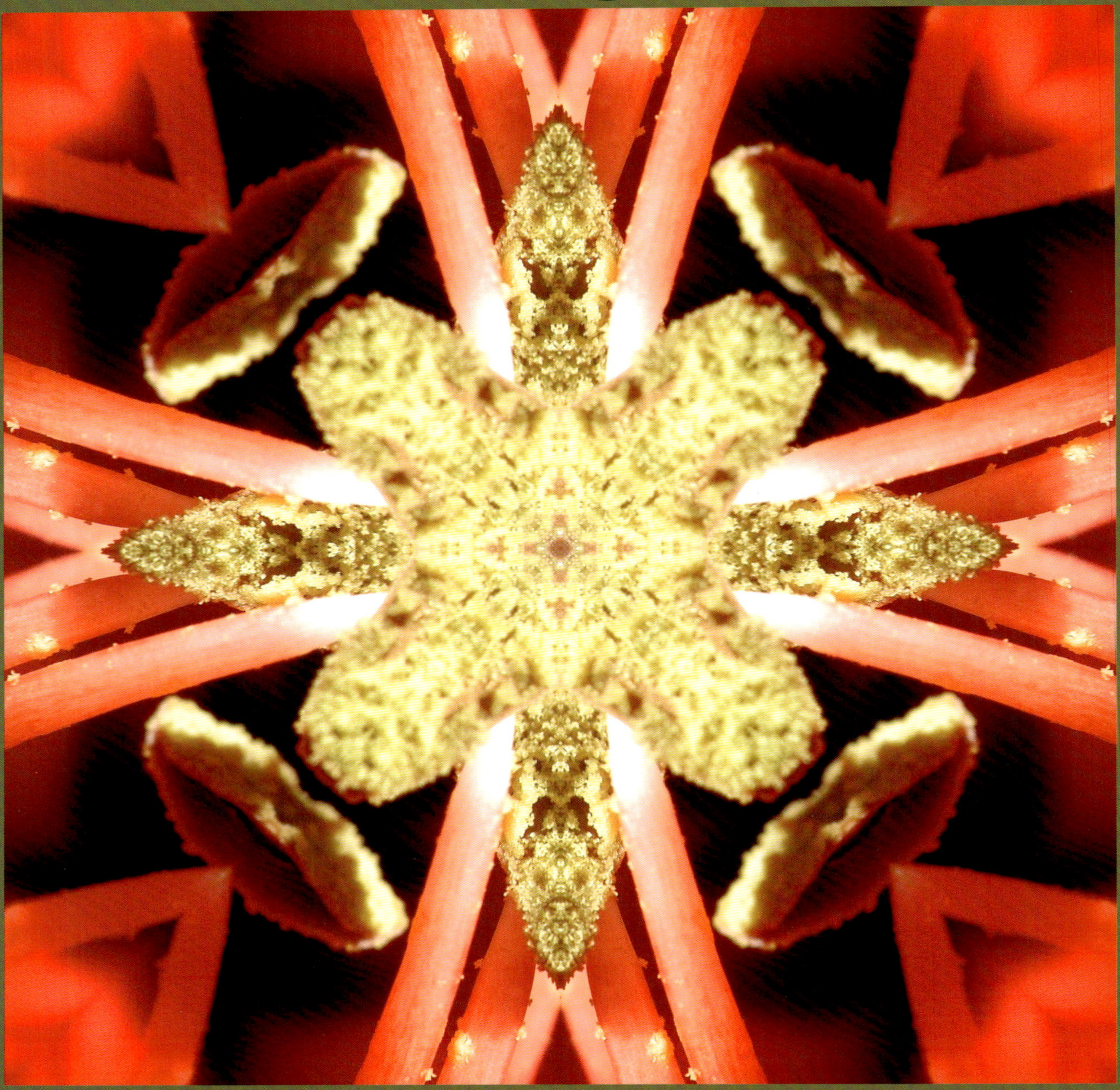

Abb. oben: imagami-nr.068 - Amaryllis:
„Im kosmischen Staub ruht der weisheitsvolle Bauplan des Universums."
Anbindung an den Entwicklungsplan unseres Universums, an die kosmische Ordnung.

Rechts: imagami-nr.072 - Trinkkokosnuss:
„Durch die Zyklen von Tod und Geburt schreiten wir fort auf dem Weg zu uns selbst."

Trinkkokosnuss

Die Kokospalme begleitet mütterlich dienend das Leben in tropischen Ländern. Sie liefert den Menschen widerstandsfähiges Bauholz für ihre Hütten und Blätter, die als kunstvoll geflochtene Dächer vor Regen schützen. Die Fasern der Palme nutzt man für Taue, Matten, Besen und Bürsten. Aus Stacheln und Dornen werden Nadeln und Pfeilspitzen gemacht. Aus dem Bast fertigt man Hüte und Papier. Selbst die Schalen der Früchte nutzt man als Löffel, Krüge und Schüsseln.

Die Kokospalme gibt ihre Früchte als tägliche Nahrung und spendet verschiedene Arten. Die Kuruma ist eine Trinkkokosnuss, weil sie voller Kokosmilch ist und nur ganz zartes Fruchtfleisch enthält. Mit einem riesigen Messer schlägt man geschickt ein Loch hinein und fertig ist ein nahrhafter Drink. Sobald die Kokosmilch getrunken ist, kann man die Nuss mit dem Buschmesser halbieren und das zarte Fruchtfleisch mit einem Löffel herauskratzen und essen.

Kiwi

Abb. oben: imagami-nr.013 - Kiwiblüte: „Licht strömt tief in uns hinein."

Bringt Kraft und Hoffnung in ausweglos scheinende Situationen. Fördert die Transzendenz.

Rechts oben: imagami-nr.088 - Kiwi: „In der Ausrichtung unseres Innersten auf den göttlichen Willen erfahren wir höchste Wirksamkeit."

Bei Angst vor Überforderung. Hilft sich auf das Wesentliche zu besinnen. Unterstützt Führungsaufgaben. Entspannung im Nackenbereich.

Rechts: Imagami-nr.505 + 522 + 521 - Kiwiblüte.

Kakteenblüten

Nach langem Zurückhalten und stillem Wachstum im Verborgenen treibt die Kaktee unglaublich schöne Blüten aus der festen Haut. Jede Blüte ist reichlich mit Nektar gefüllt und duftet herrlich. Später bilden sich saftige, wohlschmeckende Früchte.

Abb. oben: imagami-nr.501 - Kakteenblüte:
„In der Stille meines Innersten erwacht der göttliche Wesenskern."
Aus der Fülle der Ablenkungen in die Ruhe finden. Für Personen, die Angst davor haben, bei sich selbst zu sein. Hilft die Angst vor dem Wahrnehmen der Stille zu überwinden.

Rechts: Imagami-nr.507 - Kakteenblüte:
„In der Hingabe an meine innere Stimme erfahre ich Transformation."
Fördert das Zulassen der Transformation auf eine höhere Schwingungsebene.

Vulkano

Abb. oben: imagami- nr.036 - Vulkano: „Bestehendes löst und wandelt sich.“
Fördert Transformation und Kreativität. (Die Pflanze stammt aus Australien.)

Rechts: imagami-nr.073 - Bougainvillea: „Freude im Tun bewegt die Welt.“
Hingabe, Freude im Alltag, Selbstbewusstsein in Bescheidenheit.
Macht bewusst, dass jede in Liebe ausgeführte Tat von großer Bedeutung ist.

Bougainvillea

Bougainvillea

Hibiskus

Ihre kraftvolle und anregende Erscheinung macht die Hibiskusblüte zu einer weltweit beliebten Pflanze. Ob im Haar getragen oder in floralen Mustern verwendet, steht die Blüte für Lebenskraft, Anziehung und Schönheit. Ihre geheimnisvolle Tiefe begreift man nicht in einem Bild. Durch den Reichtum ihrer Erscheinungsformen wünscht die Hibiskusblüte in immer neuen Ansichten erfasst zu werden.

Abb. links: imagami-nr.070 - Hibiskus:
„Gottes Stimme durchdringt alle Wesen mit Schöpfermacht."
Hilft beim Lösen von Blockaden und dabei, ins Handeln zu kommen.

Oben: imagami-nr.071 - Hibiskus:
„Frieden in der Gemeinschaft entsteht, wenn Jeder seinen Platz einnimmt."
Erkennen und akzeptieren was ist. Hilft, sich selbst nicht über zu bewerten und Andere zu achten.

Hibiskus

Hibiskus

Abb. oben: imagami-nr.517 - Hibiskus.

Rechts oben: imagami-nr.016 - Hibiskus:
„Innehalten schafft höchste Glut, in der sich geistige Bilder spiegeln."
Fördert das Visionsvermögen und verdichtet innere Bilder.

Darunter: imagami-nr.017 - Hibiskus: „Jedes Wesen ist ein Abbild Gottes."
Stärkt die Selbstachtung und das Selbstwertgefühl. Fördert die Ehrfurcht vor dem Anderen.

Wirkung und Wahrnehmung

Feine Wirkungen bewusst erfahren

Das imagami wirkt in feinstofflichen Bereichen. Als feinstofflich bezeichnet man alle Phänomene, die nicht stofflich und daher über die Sinne nicht erfahrbar sind. Homöopathische Medikamente weisen z.B. in höheren Potenzen keine Moleküle ihrer Ursubstanz mehr auf. Aus diesem Grund nennt man die Übertragung ihrer heilsamen Information auf den Menschen feinstofflich oder energetisch.

Grobstoffliche Funktionen erklären sich über naturwissenschaftliche Gesetze (Es funktioniert, weil...). Feinstoffliche Wirksamkeiten teilen sich am besten über vergleichende Eindrücke mit (Es fühlt sich an, wie...). Das unvoreingenommene eigene Spüren und Empfinden bildet die Wahrnehmungsorgane für feinstoffliche Kräfte aus. Ähnlich, wie beim Erlernen eines Musikinstrumentes, erfordert es Geduld und Übung, die Fähigkeiten der Wahrnehmung zu pflegen und zu verfeinern. Es gilt, innere Sinne zu entwickeln, die uns die feinen Eindrücke vermitteln können. Den meisten Menschen ist eine innere Stimme mehr oder weniger bekannt. Allerdings finden die inneren Botschaften im Alltag selten Beachtung, weil sie dem rational arbeitenden Verstand nichts bedeuten. Wird der innere Dialog regelmäßig gepflegt, werden die Eindrücke immer deutlicher. Es ist ein Akt der Achtsamkeit diese Empfindungen in die bewussten Ebenen einzubinden. Dabei ist es empfehlenswert, geduldig und ohne Erwartungsdruck vorzugehen. Das schützt sowohl vor Täuschungen, als auch vor Enttäuschungen und erleichtert den Zugriff auf das schlummernde Potential.

Was nicht gesehen werden kann
und jenseits des Denkens ist,
was ohne Ursache oder Teile ist,
was weder wahrnimmt noch handelt,
was unwandelbar ist, alldurchdringend,
allgegenwärtig, feiner als das Feinste,
das ist das Ewige, von dem die Weisen
wissen, dass es die Quelle von allem ist.

Aus den Upanishaden

Zur Schulung der inneren Wahrnehmung ist es sinnvoll, zuerst einmal eigene innere Hemmnisse aufzuspüren und abzulegen. Manche Menschen haben im Laufe des Lebens Erlebnisse und Meinungen aufgenommen, die ihre eigenen Möglichkeiten beschränken. Sie besitzen undurchlässige Ansichten, die sie von den subtileren Bereichen des Lebens abschirmen und den offenen Blick auf die Welt behindern. Sätze wie „Sowas-gibt's-doch-gar-nicht." oder „Das-kann-ich-doch-nicht!" gilt es aufzuspüren und zu verabschieden, denn sie wirken wie ein Loch im Reifen auf der Straße des Lebens. Das Geigenspiel kann niemand erlernen, der an seinen Fähigkeiten zweifelt. Das Leben auf unserem liebevollen Planeten gibt uns die Möglichkeit zu entscheiden: Wir können uns selbst beschränken oder den Raum zur Entfaltung gewähren.

Glaubt nicht irgendwelchen Überlieferungen, nur weil sie für lange Zeit in vielen Ländern Gültigkeit besessen haben. Glaubt nicht an etwas, nur weil viele es dauernd wiederholen. Akzeptiert nichts, nur weil es ein anderer gesehen hat, weil es auf der Autorität eines Meisters beruht oder weil es in einer heiligen Schrift geschrieben steht. Glaubt nichts, nur weil es wahrscheinlich ist. Glaubt nicht an Einbildungen oder Visionen, die ihr für gottgegeben haltet. Glaubt nichts, nur weil die Autorität eines Lehrers oder Priesters dahintersteht. Glaubt an das, was ihr selbst durch lange Prüfung für richtig erkannt habt, was sich mit eurem Wohlergehen und dem der anderen vereinbaren lässt.

Buddha Siddhartha Gautama

Um feine Wahrnehmungen einzuordnen und vergleichen zu können, brauchen wir einen Grundstock an vergleichbaren Eindrücken. Wenn Sie die Qualitäten der imagami untersuchen möchten, wählen Sie ein Bild, dass Sie anspricht und geleiten Sie Ihre Eindrücke durch Wie-Fragen an die Oberfläche Ihres Bewusstseins: Wie ist meine Stimmung? Wie wirkt dieses Bild auf mich? Wie ändert sich mein Befinden, wenn ich das Bild auf mich wirken lasse? Gibt es Bereiche in meinem Körper, die mit dem Bild in Resonanz gehen? usw. Durch Wie-Fragen lassen sich komplexe Stimmungsgefüge erfassen, in ihrer Eigenheit begreifen und vergleichen. Zunehmende Erfahrung schenkt ein besseres Unterscheidungsvermögen und größere Sicherheit in der Beurteilung feinstofflicher Eigenschaften. Wie bei Speisen sollte man aber nur das, was zuträglich ist in einer verträglichen Menge aufnehmen.

Wenn wir sehen, dass das Leben keine Grenzen hat,
geben wir alle einengenden Unterscheidungen auf.
Wir erkennen uns selbst und das Leben in allem.

Thich Nhât Hanh

Abb.: imagami-nr.116 - Anemone: „Ich empfange den Segen des Neubeginns.“
Unbeschwertheit. Trägt den Segen der Anfangsenergie und lichte Kräfte für den Neubeginn (zur Geburt).

Wie imagami wirken und was sie bewirken können*

Die imagami-Struktur bündelt und steigert die Wirksamkeit der abgebildeten Pflanzen und Elemente der Natur. Dadurch entsteht ein Kraftfeld, dass die heilsame Essenz als Information fortwährend wellenartig abstrahlt. Durch die eingangs beschriebenen Beispiele aus aller Welt wurden die spirituellen Funktionen des imagami-Prinzips deutlich. Daraus ergeben sich verschiedene Anwendungsmöglichkeiten:

imagami für Räume

Das Gesetz des Ausgleichs besagt, dass ein höheres Energiepotential dem niedrigeren solange zufließt, bis beide Ladungen ausgeglichen sind. Jeder Mensch hat sein eigenes Energieniveau. Die Schwingung eines gesunden Menschen erhöht sich z.B. durch Meditation und sinkt bei Alkoholgenuss oder Krankheit. Auch Räume haben ihre spezielle Schwingungsfrequenz. Schwingt ein Mensch höher als sein Raum, rinnt die Energie des Menschen ständig in den Raum, um die Energiedifferenz auszugleichen Nach längerem Aufenthalt fühlt man sich müde und kraftlos. Schwingt ein Raum höher als der Mensch, dann fließt dem Nutzer ständig Energie zu. Man fühlt sich wohl, ist belastbar und leistungsfähig.

Ein imagami an der Wand hebt das Energieniveau und belebt den Raum. Das richtige Motiv schenkt die gewünschte Qualität und erleichtert die Nutzung des Raumes. Das Leben fühlt sich frischer und leichter an; die Arbeit geht gut von der Hand. (Beispiele auf Seite 138 - 140)

imagami in der therapeutischen Anwendung*

Die wirksamen Eigenschaften der imagami können auch therapeutisch genutzt werden. Viele Menschen in heilenden Berufen arbeiten bereits mit imagami-Bildern (Anwendungsbeispiele finden Sie auf Seite 141). Die heilsamen Informationen werden auf verschiedenen Wegen übertragen:

- Platzieren eines ausgewählten Motivs im Raum
- Meditieren eines zum persönlichen Thema ausgewählten Motivs
- Auflegen auf Chakren, Blockaden, etc.
- Übertragung der imagami-Information auf Wasser zur inneren Anwendung
- Übertragung durch Licht mit Dias auf besondere Energiepunkte des Körpers

Portal zur Meditation

Das imagami überbrückt räumliche, zeitliche und feinstoffliche Dimensionen. Es erzeugt eine natürliche, heilsame Schwingung und sendet diese in die entsprechenden Bereiche unseres Lebens. Verschiedene Ebenen wirken durch das imagami hindurch. Diese können wir meditativ bereisen:

- Standort der Pflanze
- die Lichtqualität des Tages
- die astrologische Konstellation zum Zeitpunkt der Aufnahme
- die seelische Ebene, die mit dem Menschen in Beziehung tritt
- den geistigen Aspekt der Pflanze, der in der Aufnahme seinen Ausdruck findet

(Bitte beachten Sie die Meditationsanleitung auf Seite 136)

Die imagami-HeilZeit

Wenn Sie selbstständig mit imagami arbeiten möchten, bietet Ihnen das imagami-HeilZeit-Seminar einen Einstieg in die gängigsten Anwendungstechniken: imagami-Meditation, die Auswahl der richtigen imagami und Übertragungsmöglichkeiten der imagami-Schwingung. Die imagami-HeilZeit ist ein Praxis-Seminar mit vielen Partnerübungen. Weitere Informationen finden Sie unter www.imagami-heilzeit.de.

* Bitte beachten Sie den Hinweis auf Seite 174

Abb.: imagami-nr.651
SonnenWasser

Das Gedächtnis des Wassers

Eine Eigenart des Wassers ist es, alles zu speichern, was ihm begegnet und was es erlebt. Die Bilder von Masaru Emoto machen optisch erfahrbar, wie Informationen das Wasser verwandeln, ohne dass eine physikalische Veränderung messbar ist. Das Gedächtnis des Wassers verfügt über solche Kapazitäten, dass die Industrie an wässrigen Speichermedien forscht. Die Fähigkeit des Wassers Informationen zu speichern ist auch die Grundlage für die Wirksamkeit homöopathischer Mittel.

Nimmt man das lebenserhaltende Nass zu sich, so reicht man dem Körper, der ja auch zu 70% aus Wasser besteht, gleichzeitig Informationen, die man nicht kennt. Auf Grund der sich verändernden Umweltsituation nehmen die schädlichen Anteile ständig zu. Diese Informationen lassen sich zwar nicht löschen, ihre physische Wirksamkeit kann aber durch Kochen oder mechanisches Zerschlagen der Informationsgefüge (Cluster) neutralisiert werden. Auch der Wildbach belebt das Wasser, denn das Spritzen und Schlagen des Wassers auf Steine löst die Cluster und rhythmisches Fließen weckt die lebendigen Eigenschaften.

Unserem Trinkwasser können wir natürlich auch Informationen zufügen, die unserem System zuträglich sind. Das imagami SonnenWasser zeigt einen Fluss in den französischen Pyrenäen. Er fließt durch eine einzigartige landschaftliche Situation, vorbei am Fuße eines Berges, auf dem der Gral lange bewahrt wurde. Wasser und Licht umspielen die Flusssteine und beleben sie mit lichten Kräften. Die Information dieses begnadeten Landschaftstempels wird durch das imagami verdichtet und zugänglich. Stellt man sein Trinkwasser in einem farblosem Glas auf den imagami-WasserWandler und lässt ihn ungefähr eine halbe Stunde einwirken, können die meisten Menschen den Unterschied qualitativ und geschmacklich wahrnehmen. Günstig wirkt das SonnenWasser auch auf andere lebendige Organismen wie Obst, Gemüse oder Pflanzen.

Meditation

Dieser Abschnitt handelt von einer meditativen Annäherung an imagami und ist für Menschen geschrieben, die bislang noch keine Erfahrung mit Meditationen gemacht haben. Wenn Sie sich den imagami öffnen und in einen bewussten Austausch treten möchten, finden Sie hier eine Anregung für eine mögliche Meditation.

Zu Beginn sollten Sie prüfen, ob Sie sich wirklich öffnen und auf die Meditation einlassen möchten; ob Sie sich gut fühlen und ob Sie innerlich stabil sind. Wenn dem so ist, schaffen Sie sich die idealen Möglichkeiten für diese neue Erfahrung. Setzen Sie sich nicht unter Druck und betrachten Sie die Zeit, die Sie für die Meditation aufwenden möchten, als Geschenk an sich selbst. Tun Sie also nur, was Sie möchten und was Ihnen gut tut.

Wo es Frieden und Meditation gibt,
da herrscht weder Sorge noch Zweifel.
Franz von Assisi

Einen inneren Weg, sollte man nur gehen, wenn es die äußeren Umstände erlauben. Wählen Sie daher einen günstigen Zeitraum, in dem Sie ungestört sein werden. Sorgen Sie für eine angenehme Atmosphäre und wählen Sie eine aufrechte und bequeme Sitzhaltung. Wenn Sie auf einem Stuhl sitzend meditieren möchten, sollten beide Fußsohlen den Boden berühren und Arme und Beine sich nicht überkreuzen. So kann sich die energetische Struktur des Menschen am Besten entfalten und seine Wahrnehmungsfähigkeit erhöhen. Spüren Sie, ob noch etwas stört und ändern Sie dies gegebenenfalls.

Wählen Sie ein imagami, dass Sie näher kennenlernen möchten oder besuchen Sie das gegenüberliegende Bild. Schließen Sie die Augen und spüren Sie, wie sich Ruhe in Ihnen ausbreitet. Was Sie bisher gehört, gefühlt und gedacht haben, verliert seine Bedeutung und ist jetzt unwichtig. Atmen Sie bewusst ein und aus. Mit jedem Atemzug atmen Sie Frieden ein und Frieden aus. Wenn Sie den Frieden spüren, gehen Sie mit Ihrer Aufmerksamkeit in Ihr Herz. Nehmen Sie die Energie des Herzens wahr, die wie ein Licht leuchtet und dehnen dieses Herzenslicht in Ihren Brustraum aus. Dehnen Sie Ihr Herzenslicht weiter über die Schultern, den Kopf und die Arme, über die Beine in die Füße, bis Ihr ganzer Körper in Licht gehüllt ist. Ein Licht, das Sie schützt und nur Erfahrungen zulässt, die Ihnen gut tun.

Wenn Sie Frieden in sich spüren und vollständig in Licht gehüllt sind, öffnen Sie die Augen und betrachten das imagami. Nehmen Sie die Formen, die Farben und das Licht in Ruhe wahr. Nähern Sie sich langsam und behutsam der Mitte und stellen Sie sich folgende Fragen:

- Wie wirkt die Pflanze und das Licht auf mich?
- Welche Stimmung nehme ich wahr?
- Was fühle ich in diesem imagami ?
- Wo spüre ich eine Resonanz auf das imagami im Körper?
- Was will mir das imagami mitteilen?
- Stellen Sie auch Fragen, die Sie persönlich betreffen.

Die beste Antwort der erhält,
der seine Frage richtig stellt.
Volksgut

Wenn Sie das imagami hinreichend erfasst haben, schließen Sie noch einmal die Augen und vergegenwärtigen sich die Stimmung, die Atmosphäre und die Qualität des imagami.

Wenn Sie den meditativen Austausch mit dem imagami beenden möchten, bedanken Sie sich bei der Pflanze für die Erfahrungen, die Sie machen durften. Verabschieden Sie sich und nehmen einen tiefen Atemzug. Nehmen Sie Ihr Herzenslicht zurück auf ein Maß, das Ihnen angenehm ist. Kehren Sie zurück an die Oberfläche Ihres Bewusstseins. Bewegen Sie Hände und Füße. Öffnen Sie langsam die Augen.

Notieren Sie sich die Botschaften und Erlebnisse, die Sie von der Reise mitbringen am besten sofort. Geistige Erlebnisse sind sehr flüchtig und können später nur schwer erinnert werden

Abb.: imagami-nr.502 - Tagetes:
„Indem ich mich zur Würde meines inneren Königtums erhebe, erhalte ich meine ungebrochene Kraft."
Hilft bei der Vorbereitung auf besondere Aufgaben.

Der Weg zum richtigen imagami

Weil imagami in ihren Eigenschaften so vielfältig und in ihrem Ausdruck so klar sind, können sie Personen und Gruppen im Alltagsleben und in ihrer Entwicklung gezielt unterstützen. Es gibt viele Wege das passende imagami zu finden. Ein Bild, das gefällt und gut tut, ist ideal für persönliche Räume. Möchte man in einem Gemeinschafts- oder öffentlichen Raum eine bestimmte Wirkung erzielen, wählt man sein Bild dementsprechend aus. Beispiele für Aufgaben, die ein imagami übernehmen kann sind: „den Raum beleben und Freude schenken" oder „Herzlichkeit im Umgang der Menschen miteinander fördern". Ist man sich klar darüber, was das imagami bewirken soll, können die Zuordnungen und meditativen Sätze bei der Auswahl des Bildes helfen. Auch über die beschriebene Meditation kann man ein Bild befragen. Wer mit der Einhandrute arbeiten oder kinesiologisch testen kann, erhält auf diese Weise Sicherheit über das ideale imagami. Findet man aber keine Klarheit über das richtige Bild, kann man bei Sonnenblau gerne einen unverbindlichen Vorschlag erfragen. Jedes imagami kann auf Anfrage in der Wunschgröße als Foto oder Druck auf Leinwand gefertigt werden. Die folgenden Beispiele geben Anregungen für eine mögliche Verwendung von Bildern und können als Orientierung dienen. Im Einzelfall sollten individuelle Besonderheiten bei einer Bildauswahl berücksichtigt werden.

imagami-nr.002 - Rose:

„Ich bin der Schöpfer meiner Wirklichkeit."

Die blutrote Rose schafft einen Raum der Sicherheit, der Wärme und Geborgenheit. Hier kann man beruhigt Wurzeln schlagen. Desinteresse, Antriebslosigkeit und leichte Depressionen vergehen, denn das Bild steigert die Eigenaktivität und stärkt das Urvertrauen. Die Küche oder ein anderer Versorgungsraum sind die geeigneten Orte für dieses Bild, denn es regt den Stoffwechsel an und stärkt das Ich. So fällt es leichter den Alltag zu bewältigen, Verantwortung zu übernehmen und sich durchzusetzen.

Eine größere Abbildung finden Sie auf Seite 103

imagami-nr.029 - Kapuzinerkresse:

„In spielerischer Leichtigkeit findet Schönheit Erfüllung."

Die Kapuzinerkresse bringt Lebensfreude in den Alltag: Kräfte erholen sich und ein erschöpftes Gemüt festigt sich in einem Raum der freudigen Ruhe. Die Kapuzinerkresse fördert Kontinuität, Ausdauer und schöpferische Kreativität. Sie erleichtert die Orientierung und das Entwickeln von Plänen. Sie fördert den Mut zur freudigen Umsetzung im Außen. Dieses imagami unterstützt einen Raum zum Lernen oder für Arbeitsbesprechungen, weil es Nähe zulässt, die Verständigung und die Zusammenarbeit fördert.

Eine größere Abbildung finden Sie auf Seite 78

imagami-nr.001 - Löwenzahn:

„Das Lied der Erde durchtönt unser Wesen."

Der sonnengoldene Löwenzahn schenkt uns Vertrauen. Er hebt die Zellschwingung an und fördert den Ausgleich von Innen und Außen. Wir sind geerdet und fühlen uns gleichzeitig getragen, empfinden tiefen Frieden und Freude am Sein. Dieses Bild unterstützt Orte, an denen Einklang, Frieden und Vertrauen eine Heimat finden sollen. Das kann ein friedlicher Schlafplatz, ein erholsamer Essbereich oder auch ein Raum für Verhandlungen sein, in dem Jeder seine Position gelassen vertreten kann.

Eine größere Abbildung finden Sie auf Seite 17

imagami-nr.120 - Sauerklee:
„Mein Lebenspuls atmet Liebe."

In seinem zarten, frischen Grün spricht der Sauerklee die Kräfte des Herzens an. In ausgleichender und liebevoller Atmosphäre finden Herzschlag und Atmung in einen harmonischen Rhythmus. Ein Gefühl von Gemeinsamkeit und Verständnis füreinander wächst, weil sich zu der freudigen Stimmung ein Sinn für Wachstum in Schönheit gesellt. Das Sauerklee-imagami kann einen liebevollen Umgang im gemeinsamen Wohnbereich fördern oder in Praxisräumen aller heilenden Berufe unterstützend wirken, denn wo sich das Herz ausdehnt geschieht Heilung.

Eine größere Abbildung finden Sie auf Seite 10

imagami-nr.010 - Hortensie:
„In reiner Zartheit schwingt mächtiger Klang in die Weite."

Dieses besondere Imagami öffnet einen geistigen Raum. Wie aus weiter Ferne bietet die Hortensie Schutz und umfassende Hilfe an. Schädliche Einflüsse hält sie wie ein Schutzschild fern und weicht verhärtete Strukturen auf. Die Freiheit dieses grenzenlosen Raumes gibt den Impuls zum Handeln: Ideen können gefasst und ausgeführt werden. Die wachen Sinne nehmen wahr, verstehen und tauschen sich schöpferisch aus. Das Bild fördert geistige, planende und kommunikative Tätigkeiten, indem es eine schützende Atmosphäre um die Menschen legt.

Eine größere Abbildung finden Sie auf Seite 65

imagami-nr.066 - Glockenblume:
„Im Schutze meiner geistigen Helfer öffne ich mein inneres Auge."

Beim Betrachten der Glockenblume weiten sich Geist und Gedanken im Raum. Die Erlösung der Enge wirkt günstig bei druckbedingten Symptomen wie Kopfschmerzen oder Ohrgeräuschen. Ohne Druck und Begrenzung fällt es leicht, Widerstände aufzugeben, Ideen zu entwickeln und Visionen zuzulassen. Auch die Wahrnehmung und Erkenntnis über sich und andere wird klarer in dem geschützten Raum des Bildes. Durch eine Aura der schöpferischen Entspannung fördert die Glockenblume die Vermittlung auch komplexer gedanklicher Prozesse.

Eine größere Abbildung finden Sie auf Seite 18

imagami-nr.067 - Tempelblume:
„Hingabe strömt aus nie versiegender Quelle."

Die Tempelblume stärkt die Inspiration und den Zugang zur eigenen Spiritualität. Emotionen und Gedanken reinigen sich in Liebe. Das erleichtert den Weg zu Gebet und Meditation. Als Bild der Einkehr und des Lösens aus der Alltäglichkeit fördert es den Zugang zu universellen Ebenen. Verstehen und Annehmen der persönlichen Umstände führt zu Hingabefähigkeit und diese weckt Kräfte zur Bewältigung größerer Aufgaben. Das imagami Tempelblume stärkt Seminarräume und spirituelle Orte, indem es eine persönliche Ausrichtung und liebevolle Hingabe fördert.

Eine größere Abbildung finden Sie auf Seite 115

imagami-nr.044 - Stockrose:

„In Zuversicht lösen sich die Schatten - Heilung kann geschehen."

Das Stockrosen-imagami ist ein versöhnliches Bild. Das zarte Licht der Blüten lädt ein zum Verweilen und hüllt uns in eine Aura des Friedens. Der Atem beruhigt sich, der Körper entspannt und die Themen des Alltags treten zurück. Vertrauen und Zuversicht fließen uns aus einem lichten Zentrum entgegen. In Einklang und Frieden finden wir unseren Platz. Das Stockrosen-imagami passt ideal in ein Wartezimmer. Es unterstützt und verkürzt die heilende Arbeit, weil der Patient schon beim Warten deutlich entspannt. Auch im Essbereich schafft es eine erholsame und wohltuende Stimmung.

Eine größere Abbildung finden Sie auf Seite 85

imagami-nr.041 - Heckenrose:

„In Freude verschenken wir uns."

Aus dem Heckenrosen-imagami strömen Freude und Fülle. Dies ist ein Bild für die Erde, die unser Leben ermöglicht und uns großzügig mit Raum und Nahrung beschenkt. Fruchtbarkeit und Lebenskraft fließen aus der göttlichen Quelle der Freude. Es gibt kein Halten: Verschenken wir uns in Freude, denn das ist unsere wahre Natur! Das Heckenrosen-imagami erleuchtet liebevoll wie eine Sonne unsere Räume und öffnet die Herzen. Das ist ein Segen, durch den man bewusst Verhältnisse mangelnder Herzlichkeit ausgleichen kann. Das Bild eignet sich sowohl für den Wohnbereich als auch für Geschäftsräume und kann dabei helfen die Fülle und die Freude des Lebens zu erfahren und weiter zu geben.

Eine größere Abbildung finden Sie auf Seite 61

imagami-nr.079 - Lupine:

„Ich verfüge über alle Kräfte meine Aufgaben zu lösen."

Die Lupine schenkt uns ein sehr lebendiges Bild. Durch ihre aufbauenden Farben und kraftvollen Formen entfacht sie neues Lebensfeuer. Unsere Kräfte werden angeregt und in neuer Zuversicht lösen sich Starre und Trägheit auf. Das Essen schmeckt wieder und kann besser aufgeschlossen werden. In dieser Verfassung wächst das Zutrauen in die eigenen Fähigkeiten und das Lösen der täglichen Aufgaben fällt leichter. So kann dieses Bild einen wahren Kraftplatz schaffen, an dem wir Mut schöpfen können, unser Leben aktiv zu gestalten.

Eine größere Abbildung finden Sie auf Seite 90

imagami-nr.071 - Hibiskus:

„Frieden in der Gemeinschaft entsteht, wenn Jeder seinen Platz einnimmt."

Das Hibiskus-imagami lenkt den Blick auf die Gemeinschaft. In Zeiten übersteigerter Selbstinszenierung vergessen wir schnell, dass die Trennung nur unsere physischen Anteile betrifft. Die Einheit aller Menschen in der geistigen Welt ist eine ewige Realität. Diesen Zustand spiegelt das imagami. Ein Jeder achtet den Anderen als bedeutenden Teil der sozialen Skulptur. So kann man den Drang, sich durchsetzen zu müssen, getrost gehen lassen. Unsere eigene Entfaltung findet Raum und angemessene Unterstützung. Das Bild eignet sich für Räume, in denen Menschen an gemeinsamen Zielen arbeiten und auch für besondere Wohngemeinschaften.

Eine größere Abbildung finden Sie auf Seite 129

imagami-nr.050 - Nachtkerze:

„Die Liebe der göttlichen Mutter schützt mich in der Dunkelheit."

Die Blüte der Nachtkerze öffnet sich erst in der Dämmerung. Sie ist, wie ihr imagami, eine Fackel in der Dunkelheit. Sie spendet Trost und vertreibt die dunklen Schatten. Sie nimmt die Angst und fördert einen guten Schlaf. Wer sich im Schlaf zu sehr öffnet (oder bei einer Narkose) findet durch die Nachtkerze Schutz.

Mattis (3) wacht jede Nacht von Albträumen geplagt auf. Seit das Nachtkerzen-imagami auf seinem Nachttisch liegt, schläft er durch. Das Nachtkerzen-imagami verbessert auch den Schlaf von schwerst-mehrfach behinderten Kindern. Die Bilder werden sichtbar ans Bett gestellt oder unter das Kissen gelegt.

Eine größere Abbildung finden Sie auf Seite 41

imagami-nr.051 - Ringelblume:

„Unser Potential ist ein Ausdruck Gottes und darf sich kraftvoll entfalten."

Die Ringelblume ist ein Bild der Lebensfreude. Es weckt die Aufmerksamkeit und bringt den Betrachter dadurch in seine Mitte. Die Schatten von Zweifeln und Blockaden lösen sich auf, denn in dieser geistigen Präsenz steht das eigene Potential spielerisch zur Verfügung.

Die Aufmerksamkeit von Lukas (10) ist durch seine mangelnde Konzentrationsfähigkeit in der Schule gestört. Seit er ein Calendula-imagami in seinem Mäppchen trägt, kann er sich auch bei Klassenarbeiten besser konzentrieren. Wenn seine Konzentration nachlässt, nimmt er sein Bild zur Hand und betrachtet es.

Eine größere Abbildung finden Sie auf Seite 42

imagami-nr.052 - Ringelblume:

Siehe auch Seite 43

„Aus unserer Mitte in Gott strömt unaufhörlich glühende Daseinsfreude."

Auch diese Ringelblume ist ein Bild der Freude. Weil man sich verstanden und angenommen fühlt, werden schöpferische Kräfte frei. Durch die gezahnte Öffnung im Zentrum wandelt sich der ungeordnete Schaffensdrang in eine zentrierte Kreativität, die gezielt eingesetzt werden kann.

Ein konzentriertes Arbeiten ist in einer vierten Grundschul-Klasse in NRW durch chaotische Umstände kaum noch möglich. Nach dem Lehrplan liegt die Klasse zurück. Beide Ringelblumen-imagami werden als 50x50cm große Bilder neben die Tafel ins Blickfeld der Schüler gehängt. Das eine Bild lädt ein, sich zu konzentrieren, das andere weitet den Geist. Nach vier Wochen stellt der Lehrer fest, dass sich die Lernatmosphäre deutlich verbessert hat und die Lerninhalte aufgeholt werden konnten.

imagami-nr.049 - Esche:

Siehe auch Seite 151

„In Leichtigkeit verbinden sich Licht und Schatten zu einem höheren Ziel."

Seit jeher erfährt die Esche eine besondere Verehrung als Weltenbaum. Zu ihren starken Lichtkräften nimmt sie auch die dunklen, geheimnisvollen Kräfte auf und das erzeugt eine belebende und rhythmisierende Mischung. Dieser Wechselpuls fördert die Verdauung und regt das Wachstum an. Andererseits fordert und stärkt die Vereinigung beider Pole die Unterscheidungskraft. Ein ideales Bild für Heranwachsende zur Erdung, Ausrichtung und Charakterbildung. Und auch für alle Anderen, die sich um einen gradlinigen Weg bemühen.

Frau H. schreibt: *Ich arbeite mit dem imagami-Esche an meiner Allergie gegen Eschen-Pollen. Ich habe unbeabsichtigt, einfach, weil das Imagami mich ansprach, etwa vor einem halben Jahr den „Dialog" mit ihm begonnen. Jetzt ist die Allergie erträglicher.*

Der Wald ist ein besonderes Wesen,
von unbeschränkter Güte und Zuneigung, das keine Forderungen
stellt und großzügig die Erzeugnisse seines Lebenswerks weitergibt.
Allen Geschöpfen bietet er Schutz und spendet Schatten,
selbst dem Holzfäller, der ihn zerstört.

Buddha Siddhartha Gautama

Baum & Wald

imagsmi : Baum & Wald

Die Worte des erleuchteten Buddha sagen, dass nichts wirklich von einander getrennt ist und dass es daher letztendlich auch keine gegensätzlichen Interessen gibt. Selbst das Gefüge des Waldes handelt aus einem Wesen heraus zum Wohle Aller.

Dieser Abschnitt ist dem Wald und den Bäumen gewidmet. Bäume werden in vielen Kulturen wie Verwandte des Menschen empfunden und verehrt. Oft tragen sie individuelle Züge und übernehmen wichtige Aufgaben in der Landschaft oder für die Pflanzengemeinschaften des Waldes. Die folgenden Seiten beschreiben einige Bäume beispielhaft. Bei manchen ist eine zugehörige Planetenbeziehung erwähnt. So, wie die Organe des menschlichen Körpers einen Planeten unseres Sonnensystems mikrokosmisch spiegeln, ist auch ein Wald nur als heil zu begreifen, wenn jeder Planet durch eine Baumart vertreten ist.

Abb. oben: imagami-nr.409 - Fichten
Dieses Bild wurde aus einem Ballon aufgenommen und zeigt den Wald von oben.

Links: imagami-nr.413 - Zauberwald.

Die Birke

Die Birke ist als Venusbaum ein Inbegriff von Frühling und Jugend. Gerne wächst sie als Pionierpflanze, wo viel Raum und Licht ist und lädt damit andere Pflanzen ein, sich unter ihrem lockeren, lichtdurchlässigen Blätterdach anzusiedeln. Die Birke übersteht selbst härteste Bedingungen und siedelt bis in den hohen Norden.

Viele Frühjahrsbräuche sind mit ihr verknüpft und ihr reinigender und erfrischender Charakter wirkt besonders durch den frischen, süßlichen Saft der Birke. Wenn er im Frühling Baum und Blätter durchströmt, nimmt man ihn gerne für eine entschlackende Frühjahrskur.

Abb. oben:
imagami-nr.414 - Birkenrinde.
Ganze Seite: imagami-nr.416 - Birke.

Die Buche

Die Buche ist ein gemeinschaftlicher Baum. Statt einen individuellen Charakter auszuprägen, ist sie in der Lage, große Waldbestände zu entwickeln. Sie nährt die Tiere mit ihren Eckern und wärmt die Menschen mit ihrem guten Brennholz. Als Baum des Saturns verkörpert sie konzentrierten Wuchs und ein enormes Durchsetzungsvermögen.

Das Buch trägt ihren Namen, weil ihr hartes Holz das Schnitzen und Drucken der Buchstaben ermöglichte.

Abb. oben: imagami-nr.045 - Buche:
„Flüssiges Licht strömt belebend und erneuernd in unsere Strukturen."
Wirkt erfrischend und belebend; reinigend und beruhigend.

Rechts: imagami-nr.403 - Buche.

Die Eiche

Die Eiche ist ein Baum der Ausdauer und der Indivdualität. Sie kann mehr als fünfhundert Jahre alt werden und hat einen wahrhaft väterlichen Charakter. Großzügig nährt sie die Tiere des Waldes mit ihren gehaltvollen Eicheln. Wie der Mars hat sie eine innere Verbindung zum Eisen und wächst gern auf Kreuzungen von Wasseradern, wodurch sie oft zum Ziel von Blitzen wird. Betrachtet man die große und eigenwillig aufgebaute Krone einer wirklich alten Eiche, nimmt man die Spuren vergangener Kämpfe mit Wind und Wetter wahr. Daher gilt die Eiche als Baum der Kraft, der Selbstverwirklichung und des unbändigen Lebenswillens. Für die Verwendung ihres Holzes spricht neben der hervorragenden Qualität auch der Symbolwert.

Die Eichenrinde enthält sehr viel Gerbsäure, deren zusammenziehende Wirkung es dem Baum ermöglicht, Verletzungen immer vollständig zu schließen. Diese heilsame Wirkung kann der Mensch durch die Anwendung von Eichenrinde auch bei Verletzungen der Haut erzielen.

Abb. imagami-nr.402- Eiche.

Die Esche

Die Esche ist der Sonnenbaum und steht am liebsten frei und einzeln. Weil sie den Lauf der Sonne zwischen Tag und Nacht intensiv miterlebt, nimmt sie beide Pole der Sonnenqualität in sich auf. Die Kräfte des Tages spiegeln sich in ihren lichten Blättern wieder und die Kräfte der Nacht in ihren dunklen Knospen. Das durchsonnte Eschenlaub stärkt die Lebenskräfte und wurde früher als harntreibender Tee gegen Gicht und Rheuma gegeben. Die Germanen sahen in der Weltenesche die Achse der Welt und den Mittler zwischen Himmel und Erde, Gott und Mensch.

Abb. oben: imagami-nr.410 - Esche.
Rechts: imagami-nr.049 - Esche:
„In Leichtigkeit verbinden sich Licht und Schatten zu einem höheren Ziel."
Wirkt belebend und rhythmisierend. Fördert das Wachstum und stärkt die Unterscheidungskraft.

Die Kastanie

Die Kastanie wendet sich als Jupiterbaum deutlich dem Licht
. Deshalb steht sie gerne frei und Ihr starker Stamm wächst auf-
cht. Die Äste der Kastanie verzweigen sich nicht bis ins Filigrane
nein. An der Spitze bleiben sie fingerdick, denn schließlich tra-
n sie über lange Zeit die immer schwerer werdenden Früchte.

Schon früh im Jahr öffnen sich dicke Knospen an den En-
n der Äste und geben schnell wachsende große Blätter frei.
n möglichst viel Licht aufnehmen zu können, breitet die Kasta-
e ihre Blätter zu einem gewaltigen Dach aus. Im tiefen Schatten
eses Blätterdaches kann man die starke Erdverbundenheit der
astanie sinnlich wahrnehmen.

Abb. oben: imagami-nr.037 - Rote Kastanie:
„Kraftvolle Wärme durchströmt den Geist."
dert Durchblutung und Wärmeprozesse. Unterstützt physische Strukturen (z.B. Bindegewebe).

Rechts: imagami-nr.091 - Kastanie:
„Das Licht der Erde verschenkt sich in ihren Substanzen."
terstützt bei Belastung durch lang anhaltende Anforderung. Stärkt Geduld und Beständigkeit.
Hilfe bei starker Beanspruchung mit wenig Anerkennung (z.B. für Mütter).

Die Kastanie

Zur frühen Blüte treibt die Kastanie viele aufrecht stehende Blütenstände, die man bildhaft auch Kerze nennt. Sie demonstrieren die Stabilität und starke Formkraft der Kastanie. Die überfließenden Lebenskräfte zeigen sich in der Blütenfülle. Oft findet man über einhundert ausdruckstarke Blüten, die reichlich Nektar verströmen, an einem Blütenstand.

Abb. oben: imagami-nr.038 - Kastanie:
„In die Stofflichkeit verdichtet sich die unendliche Weite des Geistes."
Verbessert die Konzentrationsfähigkeit. Stärkt die Prozesse in der Verdauung und fördert die Ausscheidungen.

Abb.: imagami-nr.021 - Rote Kastanie:
„Ich bejahe meine Existenz, Leben und Wärme durchströmt mich."
Wärme und Entspannung durchdringt alle Wesensbereiche. Regt Prozesse an und harmonisiert diese.
Unterstützt einen gesunden Herz-Atemrhythmus und ist hilfreich bei Menstruationsbeschwerden.

Die Kirsche

Die Verbindung des Kirschbaums mit dem Mond lässt sich am Besten in der Zeit der Blüte sinnlich wahrnehmen. Wenn der Mai genügend Wärme bringt, erscheinen die Blüten vor den Blättern. Dann leuchten sie im Mondlicht wie ein weißes Gewand an den silbrig schimmernden Ästen. Zu dieser Zeit scheint der Kirschbaum im Mondlicht zu erwachen und fast sieht man Elfen um den Stamm herumtanzen.

Wie die Blüten sind später auch die Früchte von sinnlich-verführerischem Wesen. Die Kirschen bringen im hohen Sommer die Süße ins Lebens. Wer kann den Früchten widerstehen? Einzig der harte Kern erinnert daran, dass die saftige Süße ein steinhartes Prinzip birgt, das als Gegenpol das Leben abrundet.

Abb. oben: Die auffällig horizontalen Linien der Rinde sind ein Merkmal des wässrigen Elements im Kirschbaum.

Rechts: imagami-nr.122 - Kirsche: „Ich vergesse, was mich beschränkt und behindert.“

Überlebtes aus dem Leben zu entlassen bedeutet, es vollständig zu vergessen. Hilft sich von Dingen, Ereignissen, Beziehungen und zerstörenden Strukturen zu befreien.

Die Linde

Die Linde lehrt uns Hingabefähigkeit. Sie verbindet sich mit dem Wesen eines Ortes und verströmt sich in Fülle und Freigiebigkeit. Ihre Äste neigen sich herunter und bieten Schutz und Raum für Geselligkeit. Daher wurde die Dorflinde früher an Plätzen gepflanzt, wo sich die Menschen eines Ortes gerne versammelten. Zu ihrer späten Blütezeit am Anfang des Sommers strömt sie über vor Nektar und wird von summenden Bienenwolken umschwärmt. Ihren starken Bezug zum Johannifest, dem Sonnenhochstand, hat sie als Wärmekraft verinnerlicht. So bewirkt der Genuss von Lindenblütentee eine starke Durchwärmung.

imagami-nr.027 - Lindenblüte:
„Aus der Fülle des Kosmos werden wir genährt."
Besänftigt, schafft Vertrauen und lindert bei Asthma.

Die Magnolie

Die Magnolie ist ein Baum der Erde. Wenn sich im Frühjahr die großen, samtigen Knospen öffnen und die prächtige, üppige Blüte am kahlen Holz erscheint, ist der Winter wirklich überwunden. Die Magnolienblüte scheint nach einer endlos grauen Zeit jedes Jahr aufs Neue wie ein unglaubliches Wunder. Ihr Anblick weckt unsere Zuversicht und das Vertrauen in die Schönheit und die erneuernden Kräfte der Natur.

Ist die imposante Blütezeit vorüber, verlässt die Magnolie mit der Laubbildung den Fokus unserer Aufmerksamkeit und vollzieht als sanfter Laubbaum ihren Jahreszyklus.

Abb. oben: imagami-nr.085 - Magnolie: „Ich finde mein Maß im Gebet.“
Sich auf ein gesundes Maß zurücknehmen. Demut entwickeln.

Rechts: imagami-nr.048 - Magnolie:
„Die Hingabe an unsere Lebenserfahrung führt zum Erwachen im Höheren Selbst.“
Überwinden von Egozentrik. Entwickeln von Gleichmut.
Verbindung zur geistigen Führung.

Die Kiefer

Die Kiefer ist der Überlebenskünstler unter den Bäumen. Durch Jahrtausende prägten sie das Bild der europäischen Wälder mit. Ohne Ansprüche an Boden und Klima treffen ihr Wuchs und ihre Zähigkeit kaum auf ernsthaften Widerstand. Ihre Wurzeln treibt die Kiefer selbst durch Felsen zum lebenserhaltenden Wasser. Dieser Überlebenskampf an unwirtlichen Orten bildet oft eine charaktervolle Baumgestalt aus. Weil die Kiefer reich an Harz ist, verströmt sie besonders an sonnigen Tagen ihren aromatischen Duft. In der Kiefer verehren Asiaten heute noch ihre Stärke, Langlebigkeit und beständige Geduld.

Abb. oben: imagami-nr.418 - Kiefer.
Rechts: imagami-nr.401 - Kiefer.

Die Weide

Die Weide ist der Baum der Überwindung. Trotz ihrer Geschmeidigkeit in der Jugend hat sie später ein sehr sprödes und ausgemergeltes Holz. Dadurch bricht sie leicht und kann eine traurige und schmerzliche Gestalt annehmen, die sie aber selber überwindet.

Wir kennen das Bild der verkrüppelten oder umgestürzten Weide, die wieder ausschlägt und aus dem eigenen morschen Holz neu empor wächst. So wird sie uralt, weil immer derselbe Baum aus den Stecklingen neu ersteht. Die Weide zeigt, dass man durch die Überwindung von Schmerz und Tod zu immer neuem Leben erwacht.

Tatsächlich findet man in der Rinde Salicylsäure, die beim Menschen Schmerzen lindert.

Abb. oben: An einem See gestürzte Weide.
Rechts: imagami-nr.404 - Weide.

Stimmungen des Waldes

Stimmungen des Waldes

Abb. oben: imagami-nr.405 - Moos an Bäumen.

Rechts oben: imagami-nr.406 - Zwergenspiegel.

Rechts: imagami-nr.412 - Baumpilze.

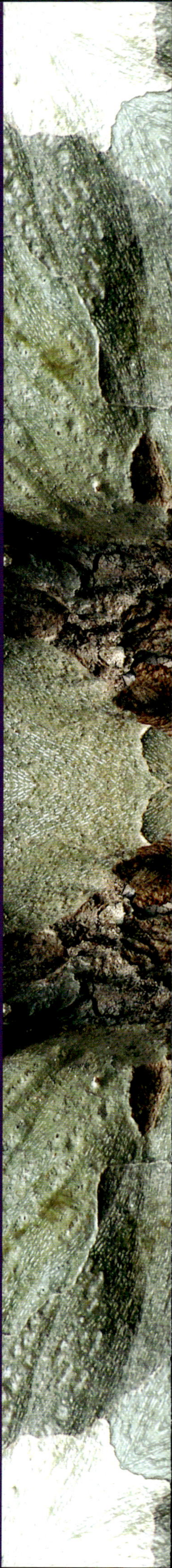

Abb. oben:

imagami-nr.407 - Traumfänger.

Rechts: imagami-nr.411 - Moosbild.

Rechte Seite: imagami-nr.408 - Platanenrinde.

Schlehe & Buchs

Schlehe & Buchs

Abb. oben: imagami-nr.047 - Schlehe:
„Bittere Erfahrungen wandeln sich in süßen Lebensquell."
Hilft, bittere Erfahrungen anzunehmen und dadurch das lebenswerte Süße in sich selbst zu finden.
Harmonisiert die Verdauung, stärkt die Immunkräfte und wirkt entwässernd.

Abb. oben: imagami-nr.061 Buchs: „Ich bin."
Hilft sich abzugrenzen und vor äußeren Einflüssen zu schützen.

Nachwort

Beim tieferen Anschauen von imagami überraschen mich immer wieder die Besonderheiten in den Stimmungen der einzelnen Bilder. Oft habe ich das Gefühl in nie gesehene Welten von ursprünglicher Reinheit und geistiger Schönheit einzutauchen. Es findet ein Austausch mit den feinen, elementaren Sphären statt, der eigene schlummernde Bereiche weckt und zur bewussten Anteilnahme einlädt. Dafür bin ich den Pflanzenwesen und der imagami-Struktur, die sich mir Pfingsten 2003 im Traum eröffnete, sehr dankbar. Es zeigte sich, dass diese geometrische Struktur ein Schlüssel zur Erde und zum Menschen ist. Dadurch konnte ich seitdem viele subtile Stimmungen und deren Wirkebenen optisch erfassen und erkennen. Technisch ist die digitale Herstellung von imagami-Bildern erst seit Kurzem möglich. Worin kann die zeitgenössische Besonderheit der imagami-Methode liegen?

Durch imagami-Bilder werden natürliche Energien jederzeit und überall verfügbar und können differenziert und gezielt eingesetzt werden. Die Kräfte, die mit dem Computer wirken, sind ihrem Wesen nach eher lebensfeindlich. Sie werden bei der Herstellung der imagami in einen heilsamen Prozess eingebunden und durch die Schönheit erlöst. Herr Bosbach berichtet aus seiner therapeutischen Praxis, dass auch behinderte Patienten ohne Sehvermögen, den Kopf in die Richtung der imagami wenden. Sie spüren das Kraftfeld der imagami und können die wirksamen Informationen aufnehmen. Es scheint mir zeitgemäß und angemessen, dass sich geistige Kräfte in Schönheit mit den imagami-Bildern verbinden und heilsame Prozesse liebevoll anregen und unterstützen.

Gott kann nicht geschaut werden,
sondern wird durch die
Schöpfung erkannt.
Hildegard von Bingen

Die Arbeit an diesem Buch hat mir viel Freude bereitet. Lange habe ich nach einem Konzept gesucht, das die imagami angemessen präsentieren könnte. Irgendwann bekam ich die Botschaft: Beginne ohne zu wissen! Und wie befreit stellte ich Bilder zusammen, suchte Farben aus und schrieb Gedanken nieder. Mit der Zeit nahmen einzelne Bereiche Gestalt an, verbanden sich in sinnhaften Gefügen und wurden farbige Familien. Erst gegen Ende, als die Konturen schärfer wurden, erkannte ich das Wesen des Buches.

Was ist das für ein Buch, das Sie nun in Händen halten? Ein Bilderbuch? Ein Sachbuch? Ein Meditationsbuch? Ein Gesundheitsbuch? Ein Märchenbuch? Ein Arbeitsbuch? Es ist das, was Sie daraus machen! Das imagami-Buch hält Vieles für Sie bereit. Ich freue mich, wenn Sie Ihre Botschaft finden und annehmen können. Ich wünsche mir, dass dieses Buch ein Gewinn ist. Für Sie, für Ihr Umfeld und für das Zusammenleben auf unserem wunderbaren Planeten.

Danke !

Ganz herzlich bedanke ich mich bei meiner Frau Meela Martina Frechen für ihre kompetente Hilfe bei der Entwicklung und Bearbeitung der feinstofflichen imagami-Aspekte und für die Anregungen zum Verständnis der elementaren Welten. Besonderer Dank gebührt Bernd Bosbach für das Erkennen der imagami-Qualitäten für die therapeutische Anwendung in seiner Praxis Solant und die daraus entstandenen Erfahrungen. Ich danke Jörg Merk vom Neue-Welt-Verlag, der dieses Buch anregte und mir alle Freiheiten bei der Ausführung ließ. Ich bedanke mich bei allen Menschen, die das imagami-Projekt durch ihr Interesse, ihr Vertrauen und ihre Unterstützung bis hierher mitgetragen und ermöglicht haben. Ich danke allen geistigen Wesen, die sich mit dieser Arbeit verbunden haben, für die vielen Anregungen und ihr wirksames Wohlwollen.

sirtaro bruno hahn

Abb: imagami-nr.115 - Sonnenblume:
„Ich bin die Kornkammer des Feuers."

Alle imagami können in Ihrer Wunschgröße für Sie gefertigt werden. Aus drucktechnischen Gründen können Farben geringfügig variieren. Bei Fragen nach einem passenden Motiv beraten wir Sie gerne unverbindlich.

imagami ist eine junge Kunst. Sie entwickelt sich durch ihre Anwendung. Wir freuen uns über Ihre Mitteilungen, Anregungen und Erfahrungen.

Bitte wenden Sie sich an: **sonnenblau** | Eisenbahnstr.6 | D-51545 Waldbröl
Fax 02291.900794 | eMail: post@sonnenblau.com

Weitere Infos: **www.imagami.de** | **www.imagami-heilzeit.de**

Wichtiger Hinweis

Die hier vorgestellten Bilder und Texte wurden nach bestem Wissen und Gewissen erwogen und erarbeitet. Die Texte erheben keinen Anspruch auf Vollständigkeit. Weil imagami eine offene und sich ständig weiter entwickelnde Methode ist, können auch ihre Erfahrungen mit einfliessen.

Wissenschaftlich ist die Wirkung der imagami weder erforscht, noch erwiesen. Durch den Gebrauch der in diesem Buch vorgestellten Praktiken wird keine Heilung versprochen. Die Anwendung ersetzt nicht ärztlichen Rat oder Hilfe. Eine Haftung des Autoren oder des Verlages für Personen-, Sach- und Vermögensschäden, die sich eventuell aus dem Gebrauch oder Missbrauch der vorgestellten Methode ergeben können, ist ausgeschlossen. Auch ein juristisch notwendiger Schritt wie dieser Haftungsausschluss befreit sie nicht von ihrer eigenen Verantwortung für ihre Gesundheit. Verantwortung übernehmen heißt, sich verantwortlich zu entscheiden.

Zur Einführung in die Arbeit mit imagami empfehlen wir den Besuch eines imagami-HeilZeit-Seminars. Wir wünschen Ihnen tiefe Erfahrungen und anregende Prozesse beim Austausch mit imagami-Bildern.

Abb rechts: imagami-nr.140 - Fenchel

Weitere Titel aus unserer Edition **Bewusst Leben**

Dr. Almut Clausen
Aaaaaaatem
Technik nach der GetAlive-Methode
ISBN 978-3-937957-88-3

Wolfgang Hahl
Die Rückkehr der weissen Büffelfrau
ISBN 978-3-937957-77-7

Wolfgang Hahl
Die Erdenhüter-Kristalle - Band 2
ISBN 978-3-937957-78-4

Dr. Eli Lasch
Das Wunder von Gaza
Taschenbuch, farbig illustriert
ISBN 978-3-937957-65-4

Veit Lindau
körper in balance
ISBN 978-3-937957-82-1

Jörg Merk
Reden Sie Tacheles Herr Janosch
Brisantes Interview, Taschenbuch
ISBN 978-3-937957-97-5

Wolf E. Matzker
Santa Maria – Pilgerwege zur heiligen Mutter
ISBN 978-3-937957-80-7

Günther Stark
Spuren des Flamenco
ISBN 978-3-937957-54-8

Christine Strübin
Die Botschaften der aufgestiegenen Meister
Softcover mit Kartenset, illustriert von Petra Meier-Kröncke
ISBN 978-3-937957-91-3

Niels-Olaf Wolf
Die Wahrheit des Geronimo Wolf und die Botschaft der weissen Büffelkalbfrau
ISBN 978-3-937957-60-9

Unser vollständiges Sortiment finden Sie auf unserer Internetseite unter
www.neueweltverlag.de